Starck

Sokrates für Manager

Siegfried und Inge Starck

SOKRATES FÜR MANAGER

Econ Verlag
Düsseldorf · Wien

1. Auflage 1978

Gesetzt aus der Times der Linotype GmbH
Satz: Dörlemann Satz, Lemförde
Papier: Papierfabrik Schleipen GmbH, Bad Dürkheim
Druck und Bindearbeiten: Ebner, Ulm
Printed in Germany
ISBN 3 430 18729 X

INHALT

VORWORT 7

I. FÜHRUNGS-EINMALEINS 9

Per Adresse »bel étage« – Was der Boß wissen sollte . . . – Setz die andere Brille auf – Dein Mitarbeiter, das unbekannte Wesen – Führungsleitsätze – Management by . . . horror – Herrschaft – Ganz ohne Kritik geht die Chose nicht – Lob und Tadel – Nobody is perfect – Kleines und Kleinliches – Mensch ärgere dich nicht

II. UNTERNEHMENSPLANUNG 32

Genius in action – Zurück zur Natur – Selbst ist der Mann – Zielplanung – Phantastischer Realismus – Keiner lebt für sich allein – Erfahrungen

III. WIE WIRD MAN TOP-MANAGER? 43

Man lernt immer – Generationen – Risk-Running – Der rechte Augenblick – Managers ein und alles – Für Karrieremacher – Know-how – Erfolgssprüche – Für den Morgenmuffel – Antikes Pflichtgefühl – Managers heimliche Liebe: das Prestige – Eintagsfliegen – Der schlechte Kern – Herdentrieb – Tipptopp-Management – Tips for top – Fasse dich kurz! – Rhetorik – Schlußworte – Schlüssiges

IV. MANAGER AND MONEY 69

Geldtheorie – Pecunia olet? – Geld und Moral – Nie genug? – Geld und Glück – Kleiner Geist und großes Geld – Verdruß durch Überfluß? – Vom Spendenwesen

V. PSYCHOLOGISCHES FÜR BETRIEB UND PRIVAT 80

Psychosomatisches – Besiegter Schmerz – Aus der Praxis der Antike – Gehetzt, gestreßt . . . – Ein Rezept (privat und alle Kassen) – . . . und für chronische Fälle: Die Pille danach – Die ständige Begleiterin – Über den Angsthasen – Die Zukunft am Zügel – Das entkleidete Leid – Vom Kummerkasten, oder: Fragen Sie Cicero

VI. SOZIALE BEZIEHUNGEN 96

Gut und Böse – Über die rechte Gerechtigkeit – Rechtes und Richtiges – Danksagung – Durch dick und dünn – Trauen und Prüfen – Freunde, Freude, Feinde – Freund Sokrates – What about politics?

VII. AUF DER SUCHE NACH DEM GLÜCK 112

Glücks-Baedeker – Das große Los – Unglück – Glück gehabt, Damokles – Im Visier: Das plaisir – Lustvolles – Parlez-moi d'amour – Ewig Weibliches – Andere leibliche Genüsse

VIII. ANGINA TEMPORIS? 124

Zeit und Zeiten – Rent-a-life – Savoir vivre – Hier irrte Augustus – Was du heute kannst besorgen . . . – Nur eines ist gewiß: der Tod

BIBLIOGRAPHIE 133

REGISTER DER AUTOREN 135

VORWORT

Wir sind uns sicherlich einig: ganz ohne Menschenführung geht es im Management nicht. Aber wie – das ist die Frage. Viele Unternehmen veranstalten deshalb Führungsseminare; so auch das Institut »mit dem grünen Band der Sympathie«. Im »Ableger« Darmstadt sollte das Gepflanzte im kleineren Kreis weiter grünen. Natürlich kann eine kräftige Portion Humus nie schaden.
»Probier's doch einmal mit den alten Philosophen«, meinte meine Frau, die mehrere Unterrichtsreihen zum Thema »Glück in der alten Philosophie« gehalten hatte. Ich zögerte. Was sollte schon dabei herauskommen? Was wußten die alten Philosophen denn schon von Menschenführung? »Das Maß aller Dinge ist der Mensch«, so urteilte schon zur Zeit des Sokrates ein Philosoph namens Protagoras, womit er nicht nur das Motto der griechisch-abendländischen Philosophie, sondern auch das Credo heutiger Menschenführung vorwegnehmen sollte. Die Evergreens von damals wie von heute sind: Karriere, Konkurrenz, Gesundheit, Prestige, Streß, Zeit, Geld und Sinn des Lebens.
Wie wär's denn zur Abwechslung einmal mit den Hits der Alten? Versprochen werden Ohrwürmer, keine Schnulzen. Und das Ende vom Lied: die Ehe zwischen Mana-

gement und Sokrates. Xantippe möge es uns verzeihen. Manch Moralisches mag manchem manches Mal nicht schmecken. Der besseren Digestion zuliebe, nehme man die Texte in homöopathischen Dosen – die Überschriften als Apéritif. De gustibus non est disputandum – sicherlich aber über unsere Auswahl, sind doch die Salinen Attikas und Latiums vielschichtig. Unser Dank gilt Fräulein Marianne Gläser für die freundliche Mitarbeit an der technischen Fertigstellung des Manuskripts. In der Hoffnung, Ihnen den Vorgeschmack nicht versalzen zu haben,

Siegfried und Inge Starck

Darmstadt, im September 1978

I. FÜHRUNGS-EINMALEINS

Das ist das Haupthindernis,
daß wir zu schnell mit uns zufrieden sind.
SENECA

PER ADRESSE »BÉL ETAGE«

Was gut und wahr ist, ist für alle Menschen dasselbe. Angenehm freilich ist dem einen dies, dem anderen das.
DEMOKRIT

Das Maß aller Dinge ist der Mensch.
PROTHAGORAS

Das beste Feld für Wettstreit ist Menschlichkeit.

Wo einer, der herrscht, Herz hat, ist jeder glücklich.
PUBLILIUS SYRUS

Nur Eintracht läßt große Unternehmungen zustande kommen . . .
DEMOKRIT

Nimm auch von Geringen guten Rat an.
CATO

Erfolg und Fehlschlag muß, wer herrscht, berechnen.
PUBLILIUS SYRUS

Mit vielen muß kämpfen, wer über viele Herr werden will.

NACH PLUTARCH

Gewinne durch Überredung, nicht durch Gewalt.

BIAS

Irren ist menschlich, im Irrtum verharren närrisch.

CICERO

Wer viel verspricht, dessen Wort wiegt leicht.

HORAZ

Antipater sagte einem Bauern, der ihm eine Bittschrift vorlegte, er habe keine Zeit. Darauf sagte der Bauer: Ei, dann solltest du auch nicht regieren, wenn du keine Zeit hast.

SEREN

Kluge Leute lernen auch von ihren Feinden.

ARISTOPHANES

Ein Hirt nimmt die Wolle und läßt die Haut.

SUETON

Was Härte nicht erringt, erreicht die Güte.

Wo einem Schutz wird, fühlt sich jeder sicher.

PUBLILIUS SYRUS

Ein guter Mann bleibt immer Anfänger.

MARTIAL

WAS DER BOSS WISSEN SOLLTE ...

Gern höre ich von denen, die von dir kommen, daß du mit deinen Sklaven freundlich bist. Das erwarte ich nicht anders von deiner Einsicht, deiner Bildung.
Es sind Sklaven? Nein: Menschen.
Sklaven? Nein: Hausgenossen.
Sklaven? Nein, vielmehr Freunde niederen Standes.
Sklaven? Nein: unsere Mitsklaven, wenn wir bedenken, daß dem Schicksal beide durchaus gleich gegenüberstehen ...
Gehe so mit dem Niedergestellten um, wie du wünschst, daß der Höhergestellte mit dir umgehe.

Er ist ein Sklave: aber vielleicht im Geiste ein freier Mensch!
Er ist ein Sklave: Was kann ihm das schaden?
Zeige mir einen, der es nicht ist: Der eine ist Sklave der Wollust, ein anderer Sklave der Habsucht, ein dritter Sklave des Ehrgeizes, alle sind Sklaven der Furcht. Und schimpflicher ist doch keine Sklaverei als eine freiwillige.

Wie der ein Tor ist, der, wenn er ein Pferd kaufen will, nicht dies selbst besieht, sondern nur die Reitdecke und das Riemenzeug, so ist derjenige der allergrößte Tor, der den Menschen nach seinem Kleide schätzt oder nach seinem Stand, der uns gleich einem Kleide umgibt.

SENECA

Wenn du am Fehler eines Mannes Anstoß nimmst, geh gleich dazu über und mache dir Gedanken, was du für einen ähnlichen Fehler hast; z. B. indem du das Geld für ein Gut hältst oder die Lust oder den Ruhm und dergleichen. Wenn du darauf achtest, wirst du rasch deinen Zorn vergessen, indem dir zugleich einfällt, daß er gezwungen wird. Denn was soll er machen? Oder wenn du es vermagst, nimm von ihm den Zwang.

Wenn du dich erfreuen willst, so betrachte die Vorzüge der Mitlebenden, z. B. bei einem die Tatkraft, beim andern die Zurückhaltung, bei dem die Freigebigkeit und bei einem anderen wieder etwas anderes. Denn nichts erfreut so wie die Abbilder der Tugenden, die in den Charakteren der Mitlebenden in Erscheinung treten und, soweit möglich, gehäuft zusammentreffen. Deshalb muß man sie auch bereit haben.

MARC AUREL

Beides ist falsch: allen zu trauen und keinem zu trauen. Aber der eine Fehler ist doch sozusagen der ehrenwertere, wenn auch der andere mehr Sicherheit bietet.

Wenn du ihn für treu hältst, wirst du ihn dazu machen.

SENECA

Willst du jemand einführen, sieh ihn dir wieder und immer wieder an, damit nicht nachher die Verstöße des andern dich empfindlich beschämen.

HORAZ

Wer tausend Schafe hat, hat mit fünfzig Wölfen zu streiten.

PLUTARCH

Man muß die Schafe scheren, statt ihnen das Fell abzuziehen.

ALEXANDER

Man schenkt schon etwas, wenn man freundlich abschlägt.

PUBLILIUS SYRUS

Die Menschen sind alle so geartet, daß sie lieber eine Lüge als eine Absage hören wollen.

CICERO

Wenn du von anderen Rechenschaft forderst, gib sie auch selbst.

SOLON

Wer für die eignen Schwächen Nachsicht fordert, muß auch Nachsicht üben.

HORAZ

Herrschaft und Liebe mögen keine Gesellschaft.

SENECA

Die Bosheit weniger ist das Unglück vieler.

PUBLILIUS SYRUS

Sich selbst nicht vorsehn, aber andern raten, ist Torheit.

PHÄDRUS

Wer ein Vergehn nicht sehn will, reizt zu neuem.

PUBLILIUS SYRUS

Gutes empfangen möchten die meisten, aber Entsprechendes tun – das scheuen sie.

ARISTOTELES

Wer schaden kann, kann zuweilen auch nützen.

CATO

Das Vorurteil ist schlimm: ihm fehlt das Urteil.

PUBLILIUS SYRUS

Versöhne dich bei Unrecht, bei Frechheit wehr dich.

CHILON

Für den Verständigen genügt ein Wort.

PLAUTUS

SETZ DIE ANDERE BRILLE AUF

Gewöhne dich, wenn möglich bei allem, was einer tut, bei dir ausfindig zu machen: Worauf zielt dieser Mann mit dieser Tat? Fang mit dir an und prüfe dich zuerst.

Gewöhne dich daran, bei dem, was ein anderer sagt, mit Aufmerksamkeit zu verweilen, und versetze dich womöglich in die Seele des Sprechenden.

In das Leitvermögen eines jeden eindringen. Aber verstatte auch jedem andern, in dein eigenes Leitvermögen einzudringen.

Fortgesetzt darauf achten, welche die sind, von denen du ein Zeugnis haben willst, und was für ein Leitvermögen sie haben. Denn du wirst weder denen, die unfreiwillig straucheln, grollen, noch einer Bezeugung bedürfen, wenn du auf die Quellen ihrer Annahme und ihres Triebs blickst.

Jede Seele ist gegen ihren Willen der Wahrheit beraubt. So also auch der Gerechtigkeit, Besonnenheit, Milde und alles derartigen. Sehr notwendig ist es, sich fortgesetzt daran zu erinnern; denn du wirst allen gegenüber sanftmütiger sein.

Wenn er strauchelt, ihn freundlich belehren und das Versehene zeigen. Wenn du es aber nicht vermagst, dich selbst anklagen oder auch dich nicht.

Dem Menschen eigentümlich ist, daß er auch die Strauchelnden liebt. Dies geschieht, wenn es dir mit in den Sinn kommt, daß sie verwandt sind und aus Unkenntnis und unfreiwillig fehlen, und daß ihr binnen kurzem beide sterben werdet und vor allem, daß er dich nicht schädigte; denn er machte dein Leitvermögen nicht schlechter, als es vorher war.

MARC AUREL

Unklug ist es, Gebrechen zu verhehlen, statt sie zu heilen.

HORAZ

Den Zornigen meide kurz, den Hasser lange.

PUBLILIUS SYRUS

Niemand von uns ist ohne Fehl. Menschen sind wir, keine Götter.

PETRON

Die Dummheit ist meist der Bosheit Schwester.

SOPHOKLES

Was hilft's, daß du den einen Dorn dir auszogst, wenn die Mehrzahl noch steckenblieb?

HORAZ

Ich, ein Mensch, habe geirrt: kein Wunder!

MENANDER

Fehler verbergen heißt nicht Fehler bessern.

PUBLILIUS SYRUS

Sich selbst besiegen: der schwerste Sieg.

SENECA

DEIN MITARBEITER – DAS UNBEKANNTE WESEN

Warum sollten wir uns wundern, daß aus demselben Stoff jeder das für seine Interessen Geeignete herausliest? Auf derselben Wiese sucht die Kuh Gras, der Hund den Hasen, der Storch die Eidechse.

SENECA

Sieh zu . . ., daß Dienstwilligkeit nicht aufdringlich wird.

HORAZ

Eine Überzeugung, die alle Menschen teilen, besitzt Realität.

ARISTOTELES

Allen zu glauben, ist zuviel, keinem glauben, zuwenig.

PHÄDRUS

Für Dummköpfe ist es besser, gehorchen zu müssen, als zu befehlen. Dem Schlechteren zu gehorchen, ist schwierig.

DEMOKRIT

Wenn jene sagen: »Wie lange noch immer die gleichen Vorwürfe?«, so antworte: Wie lange macht ihr immer wieder die gleichen Fehler?

Sie halten all das für unmöglich, wozu sie selbst nicht imstande sind. Aus ihrer eigenen Schwäche leiten sie ihre Ansicht über das Leistungsvermögen ab.

SENECA

Einen, der seinen Bedienten hart züchtigte, fragte Sokrates, warum er ihm zürne. Die Antwort war: »Er will viel fressen und für nichts sorgen, viel Geld einstreichen und nichts arbeiten«. – Hast du schon einmal darüber nachgedacht, fragte Sokrates, wer von euch beiden mehr Schläge verdient, du oder dein Diener?

XENOPHON

Die Hunde bellen an, was sie nicht kennen.

HERAKLIT

Auch in einem Wurm sitzt Galle.

ARISTOPHANES

Wer schaden will, hat stets auch einen Vorwand.

PUBLILIUS SYRUS

Auch der wildeste Schikaneur wird sanfter als ein Lämmchen, wenn du ihn schmierst.

PHILIPPIDES

Der ist klug, der nicht allzu klug ist.

MARTIAL

Wer will, der kann, wer nicht will, muß.

SENECA

Alte Füchse sind schwer zu fangen.

OVID

Wer klug zu dienen weiß, ist halb Gebieter.

PUBLILIUS SYRUS

FÜHRUNGSLEITSÄTZE

Verkriecht euch ... irgendwo weit weg von der Sonne, solange eure Ansichten weich wie Wachs sind.

EPIKTET

Säe nicht zuwenig.

CATO

Erkanntes Übel ist gut.

ARISTOTELES

Woran du selbst schuld bist, das schiebe nicht auf die Verhältnisse.

DIONYSIUS CATO

Man muß den Ernst der Gegner durch Gelächter zunichte machen, ihr Gelächter durch Ernst.

GORGIAS

Einer gilt mir Zehntausend, wenn er der Beste ist.

HERAKLIT

Im allgemeinen kennzeichnet den Wissenden die Fähigkeit, sein Wissen zu lehren.

ARISTOTELES

Ewiges Zögern läßt nie etwas zustande kommen.

DEMOKRIT

... Überzeugung nämlich dringt überall durch, Überzeugung ist unüberwindlich.

EPIKTET

Eine Art Habgier ist es, wenn einer immer reden und nicht zuhören will.

Wer einen zu Verstand bringen will, der sich einbildet ganz bei Verstand zu sein, gibt sich vergebliche Mühe.

DEMOKRIT

Versuche zwar, sie zu überreden, handle aber auch wider ihren Willen, wenn die Vernunftordnung der Gerechtigkeit so zu handeln treibt.

MARC AUREL

Dem, der es so haben will, geschieht kein Unrecht.

ULPIAN

Der weise Mann zürnt zeitig und nur einmal.

PUBLILIUS SYRUS

Wenn du darauf hältst, daß sie eine Tätigkeit ausüben, dann wirst du an ihnen Freude bekommen, weil sie dir nützlich sind, und sie werden mit dir zufrieden sein, wenn sie merken, daß du dich über sie freust. Ihr werdet euch freudiger der Gefälligkeiten erinnern, die ihr euch gegenseitig erwiesen habt, und diese Erinnerung wird den Dank dafür erhöhen und ein freundlicheres, traulicheres Verhältnis zwischen euch begründen.

... jetzt, hast du so wenig Freude an ihnen wie sie an dir: Du denkst an den Schaden, den sie dir verursachen; sie müssen das verdrießliche Gesicht ansehen, das du ihretwegen machst. Das läßt fürchten, der Mißmut könnte sich steigern und die bisherige Dankbarkeit immer mehr verschwinden.

XENOPHON

In allen Gärten gibt es Unkraut.

Ein räudiges Schaf steckt die ganze Herde an.

JUVENAL

Der Kluge wird auch den schwachen Feind fürchten.

PUBLILIUS SYRUS

Hat man erst den Helm aufgesetzt, ist es zu spät, den Krieg zu verwerfen.

JUVENAL

Nicht Verdruß empfinden und nicht aufgeben und nicht verzweifeln, wenn dein Bestreben, alle Handlungen nach richtigen Leitsätzen durchzuführen, keine Festigkeit erlangt; sondern bist du abgetrieben, wieder zurückkehren und zufrieden sein, wenn die Mehrzahl deiner Handlungen menschenwürdig ist und das lieben, wozu du zurückkehrst . . .

Die dir beim Vorschreiten nach der richtigen Vernunft in den Weg treten, sollen, wie sie dich nicht von der richtigen Handlung abwenden können, so auch nicht von der freundlichen Gesinnung ihnen gegenüber abbringen. Sondern halte dich gleicherweise an beides, nicht nur an die ruhige Entscheidung und Handlung, sondern auch an die Sanftheit gegenüber denen, die dich zu hindern suchen oder sonstwie Schwierigkeiten machen; denn auch das ist ein Schwächezeichen, ihnen zu zürnen, wie aus Angst von der Handlung abzustehen und nachzugeben.

Es wird mich einer verachten? Dazu soll er sehen. Ich aber werde sehen, daß ich nicht betroffen werde, wie ich etwas Verächtliches tue oder sage. Es wird mich einer hassen? Dazu soll er sehen. Aber ich bin zu jedem freundlich und wohlgesinnt und bereit, gerade diesem das Versehen nachzuweisen, nicht tadelnd und nicht damit paradierend, daß ich es ertrage, sondern aufrichtig und gütig . . .

MARC AUREL

Erfreue dich an dem Glücke aller, laß dich von ihrem Ungemach rühren und erinnere dich, was du leisten und wovor du dich hüten mußt. Was wirst du durch ein solches Leben erreichen? Nicht, daß sie dir nicht schaden, wohl aber, daß sie dich nicht hintergehen.

SENECA

MANAGEMENT BY . . . HORROR

Nichts, was grausam ist, kann nützlich sein, Grausamkeit ist im höchsten Maße der menschlichen Natur, der wir folgen müssen, zuwider.

CICERO

Wer Furcht verbreitet, ist selbst nicht ohne Furcht.

EPIKUR

Wir wollen weniger gefürchtet und darum anderen um so teurer sein! Es kann nicht ausbleiben: Wen es gelüstet, Angst zu säen, der wird Schrecken ernten. Wie mag wohl die Angst jenen älteren Dionysius, den Tyrann von Syrakus, tagtäglich gepeinigt haben, der sich den Bart mit glühender Kohle absengte, weil er sich fürchtete vor dem Rasiermesser seines Barbiers?

CICERO

Das Gefühl der Sicherheit nämlich führt zu Nachlässigkeit, Leichtsinn und Ungehorsam, die Furcht aber läßt die Leute aufmerken, macht sie folgsamer und bringt sie leichter in Reih und Glied. Das kann man schon an einer Schiffsbesatzung beobachten. Solange die Leute nichts zu fürchten haben, neigen sie zu Ungehorsam; sobald sie aber die Angst vor einem Sturm oder einem Feind im Nacken haben, tun sie nicht nur alles, was befohlen wird, sondern sie horchen auf die Befehle mit einer Stille wie kaum ein Chortänzer auf seinen Chormeister.

XENOPHON

Die Bosheit trinkt den größten Teil ihres Giftes selbst.

SENECA

Furcht hat noch nie zur Höhe geführt.

Wen viele fürchten, der muß viele fürchten.

PUBLILIUS SYRUS

Polydoros, der Sohn des Lakamenes, antwortete auf die Frage, warum die Spartaner im Kriege so tapfer ihr Leben wagten: »Sie haben ihre Offiziere achten, nicht fürchten gelernt.«

NACH PLUTARCH

Strenge Herren regieren nicht lange.

SENECA

HERRSCHAFT

Man wählt nämlich einen König nicht, damit er für sich selbst bestens sorge, sondern damit es auch seinen Wählern durch seine Fürsorge wohl ergehe. Man unternimmt ja allgemein einen Feldzug, um die eigene Lebenslage zu verbessern, und man wählt ja Feldherrn nur deshalb, damit sie Führer zu diesem Ziel seien. Es ist also die Aufgabe eines Feldherrn, dies für seine Wähler zu leisten. Es ist nicht leicht, eine schönere Aufgabe zu finden als diese, aber es ist auch nichts schändlicher, als darin zu versagen.

Könige und Herrscher seien, so sagte Sokrates, nicht die Männer, die das Zepter führten, auch die nicht, die von einer zufälligen Mehrheit oder durch das Los gewählt seien, ebensowenig die Männer, die durch Gewalt oder Betrug ans Ruder gekommen seien, sondern die allein, die zu herrschen verstünden. Sooft ihm jemand zugab, daß es des Herrschers Beruf sei zu befehlen, was geschehen solle, der des Untergebenen zu gehorchen, dann wies er darauf hin, daß auf dem Schiff der Kundige herrsche, während der Schiffseigner und alle übrigen auf dem Schiff dem Kundigen gehorchten.

XENOPHON

Da jede staatliche Gemeinschaft aus Herrschenden und Beherrschten besteht, so ist zu untersuchen, ob die Herrschenden andere Leute sein sollen als die Beherrschten oder das ganze Leben hindurch dieselben. Denn offenbar wird sich nach dieser Unterscheidung auch die Erziehung richten . . . Freilich, daß sich die Herrschenden vor den Beherrschten auszeichnen müssen, kann man auch nicht bezweifeln . . .

ARISTOTELES

Der Steuermann vereinigt zwei Rollen in sich. Die eine hat er mit allen, die dasselbe Schiff bestiegen haben, gemein: Er ist selbst auch Passagier. Die Rolle des Steuermanns dagegen kommt ihm allein zu. Der Sturm schadet nur dem Passagier in ihm, nicht aber dem Steuermann.

SENECA

GANZ OHNE KRITIK GEHT DIE CHOSE NICHT

. . . Du wirst Mühe haben, eine Beschäftigung zu finden, bei der man sich nicht auf Kritik gefaßt machen muß.

SOKRATES

Harte Worte, wenn sie auch sehr berechtigt sind, beißen doch.

SOPHOKLES

Wer rasch ein Urteil spricht, rennt rasch zur Reue.

Wohlwollen zeigt den Weg, bevor es tadelt.

PUBLILIUS SYRUS

Warum die Wahrheit nicht auch scherzend vortragen?

HORAZ

Sprichst du, was dir gefällt, mußt du auch das hören, was nicht gefällt.

ALKAIOS

Wer mahnt, hilft.

PLAUTUS

Kritisieren ist leicht, besser machen schwer.

APOLLODOR

Wie nämlich Maler, Bildhauer und sogar Dichter ihre Werke öffentlicher Kritik aussetzen, um im Falle zahlreicher Beanstandungen noch Verbesserungen anbringen zu können, wie sie mit sich selbst und mit anderen zu Rate gehen, was etwa fehlerhaft sein könnte, so müssen auch wir uns nach dem Urteil anderer richten in vielen Fällen unseres Tuns und Lassens, müssen abändern und berichtigen. Denn die Mehrzahl der Menschen hat in der Regel einen gesunden, natürlichen Instinkt, der ihr Urteil bestimmt, und dem sie auch nachgibt, wenn sie vor die Entscheidung gestellt wird.

CICERO

Es gibt keinen Fehler ohne Verteidiger.

SENECA

Niemandem soll man Vorwürfe machen. Denn wenn du es vermagst, berichtige ihn; wenn du das nicht vermagst, berichtige wenigstens die Sache selbst. Wenn du aber auch das nicht vermagst, wozu dient es, dir noch Vorwürfe zu machen?

MARC AUREL

LOB UND TADEL

Kannst du ein Lob nicht begreifen, dann kannst du sicher sein, daß es geschmeichelt war.

Besser von einem anderen, als von sich selber gelobt zu werden.

DEMOKRIT

Wenn man dich lobt: halte dich danach.

HORAZ

Alles, was auch nur irgendwie schön ist, das ist aus sich selbst heraus schön und ist in sich selbst fertig, ohne das Lob als eigenen Teil einzuschließen. Wenigstens jedenfalls wird das Gelobte nicht schlechter oder besser ... Wird denn ein Smaragd schlechter als er ist, wenn er nicht gelobt wird?

MARC AUREL

Wer Unverständige lobt, schadet ihnen sehr.

DEMOKRIT

Halte dich jeder naturgemäßen Rede und Tat für würdig, und der nachfolgende Tadel oder das Gerede der Leute soll dich nicht abbringen, sondern wenn es recht ist, getan oder ausgesprochen zu sein, halte dich nicht für unwürdig. Denn jene haben ein eigenes Leitvermögen und folgen ihrem eigenen Trieb. Darauf schaue nicht, sondern geh zum Ziel die gerade Straße, der eigenen und der allgemeinen Natur folgend. Von diesen beiden ist der Weg ein und derselbe.

MARC AUREL

NOBODY IS PERFECT ...

Wer fehlt, fehlt für sich; wer unrecht handelt, handelt an sich selbst unrecht, indem er sich schlecht macht.

Lächerlich ist es, vor der eigenen Schlechtigkeit nicht zu fliehen, was doch möglich ist, aber vor der der anderen zu fliehn, was unmöglich ist.

Es ist oft im Unrecht, wer nichts tut, nicht nur, wer etwas tut.

MARC AUREL

Es wäscht sich jemand eilig. Sage nicht: Er wäscht sich schlecht, sondern: Er wäscht sich eilig. Es trinkt jemand viel Wein. Sage nicht: Er tut übel daran, sondern nur: Er trinkt viel. Denn woher weißt du, ob etwas schlecht ist, bevor du auf den Grund gegangen bist?

Sagt jemand zu dir: der oder jener hat dir Übles nachgeredet, so rechtfertige dich nicht erst lange, sondern antworte: Er kennt eben meine andern Fehler nicht, sonst hätte er wohl noch mehr gesagt.

EPIKTET

Menschen glauben gern, was sie glauben wollen.

CAESAR

Ein Löwe kümmert sich nicht um Schmetterlinge.

MARTIAL

Wenn der Esel Hunger hat, achtet er des Stockes nicht.

ARISTOTELES

Kann wohl ein Kopf eine Stunde bei einem Sinne verharren?

Narren, die den einen Fehler meiden, stürzen geradewegs in den andern.

HORAZ

So viel weiß ich: Wenn alle Menschen ihre eigenen Übel auf einen Haufen brächten und mit dem Nachbarn tauschen könnten, so würde ein jeder, wenn er seines Nächsten Übel angesehen, gern wieder mit nach Hause nehmen, was er hergebracht.

HERODOT

KLEINES UND KLEINLICHES

Es verrät kleinlichen Sinn, wenn einer immer gleich beleidigt ist.

DEMOKRIT

... wie eine kleine zarte Schrift die Augen angreift, so strengen auch kleine und unbedeutende Sachen die Seele weit mehr an und reizen dadurch zum Zorn ...

NACH PLUTARCH

Rache ist ja die Freude nur eines kleinlichen Geistes.

JUVENAL

MENSCH ÄRGERE DICH NICHT

Du würdest unwillig sein, wenn jemand dem ersten besten auf der Straße deinen Körper überließe. Daß du aber dem ersten besten dein Gemüt überläßt, so daß es über seine Schmähungen in Aufregung gerät, dessen solltest du dich nicht schämen?

EPIKTET

Als einst jemand in Zorn geriet, weil ihm ein anderer seinen Gruß nicht erwidert hatte, sagte Sokrates: Wie lächerlich! Wenn du einem begegnetest, der eine schlechtere Körperbildung hat als du, würdest du nicht böse sein; weil du nun aber einen getroffen hast, der weniger Lebensart hat als du, willst du dich ereifern.

XENOPHON

Wenn du zornig wirst, so bedenke, daß dir nicht nur dieses Übel widerfahren ist, sondern daß du auch deine Neigung zum Zorn verstärkt hast, daß du gleichsam dürres Holz ins Feuer geworfen hast.

EPIKTET

Fehler pflegen uns, so wie Körper im Nebel, im Zorn größer vorzukommen.

PLUTARCH

Der Zorn glaubt, mehr zu können, als er kann.

PUBLILIUS SYRUS

Zorn ohne Macht ist dumm.

LIVIUS

Wenn du über etwas ungehalten bist, vergaßest du, daß alles nach der Allnatur geschieht; daß alles, was geschieht, immer so geschah und geschehen wird und jetzt überall geschieht.

Wenn es in deiner Gewalt steht, warum tust du es? Wenn in der Gewalt eines andern, wem machst du Vorwürfe? Den Atomen oder den Göttern? Beides ist Wahnsinn.

MARC AUREL

Jeder, der einen anderen schlechter macht, wird es dadurch selbst. Erst lernt er das Minderwertige, dann lehrt er es andere, und das Resultat ist jene ungeheuerliche Nichtswürdigkeit, wo jeder zusammenträgt und beisteuert, was er an besonders Minderwertigem kennt.

SENECA

Eins ist hier viel wert: mit Wahrhaftigkeit und Gerechtigkeit freundlich gegen Lügner und Ungerechte das Leben zu vollbringen.

MARC AUREL

Willst du irgend etwas tun, so mache dir klar, welche Umstände dabei in Betracht kommen. Gehst du z. B. zum Baden, so stelle dir vor, wie es im Bade zugeht, wie sie allerhand Unfug treiben, sich stoßen, zanken, einander bestehlen. Du wirst ruhiger bleiben, wenn du dir von vornherein sagst: Ich will baden, aber ich will auch meine naturgemäße Haltung bewahren. So mache es bei allem! Begegnet dir dann ein Ärgernis beim Baden, so wirst du zu dir sagen: Ich wollte ja nicht bloß baden, sondern auch meine mir gemäße Haltung bewahren; und ich würde sie nicht bewahren, wenn ich mich über solche Dinge ärgerte.

EPIKTET

Zurechtweisung kann in den meisten Fällen durchaus in gelinder Form erfolgen unter voller Wahrung des Ernstes, so daß die Strenge nicht zu kurz kommt und Beschimpfung vermieden wird. Selbst einem Vorwurf, so bitter er ist, nimmt man den Stachel, wenn der Betroffene merkt, daß man nur um seinetwillen, will heißen, zu seinem Besten, dazu greift. Ist es doch sogar in Streitreden, die wir mit erbittertsten Gegnern ausfechten, richtig, auch dann, wenn wir Beleidigungen zu hören bekommen, würdevolle Haltung zu bewahren und Zorn nicht aufkommen zu lassen.

Keinerlei Beachtung verdient die Meinung, es gehöre sich für eine große und starke Persönlichkeit, den Widersachern heftig zu zürnen. Vielmehr ist nichts so lobenswert, nichts eines Mannes von Größe und Hochsinn so würdig wie Versöhnlichkeit und Milde ... Gleichwohl darf dieses freundliche Entgegenkommen und diese Milde nur soweit gutgeheißen werden, als erforderlichen Falles auch Strenge angewandt wird ... Ganz besonders aber halte man sich bei jeder Bestrafung frei von Zorn. Denn wer im Zorne straft, der kann nicht zwischen dem Zuviel und dem Zuwenig die rechte Mitte wahren ...

CICERO

Faß' es nicht so auf wie der, der dich beschimpft, es beurteilt, oder wie er will, daß du es beurteilst, sondern sieh es an, wie es in Wahrheit ist.

Gleich sein der Landspitze, an die fortgesetzt »die Wogen rauschend schlagen«, sie aber steht, und um sie herum beruhigen sich die tobenden Wasser.

MARC AUREL

Sokrates pflegte, sooft er merkte, daß er gegen einen seiner Freunde allzusehr aufgebracht sei ... die Stimme nachzulassen und eine lächelnde Mine anzunehmen. Indem er sich also auf die andere Seite neigte und die entgegengesetzte Leidenschaft erregte, bewahrte er sie vor dem Falle und der Besiegung.

NACH PLUTARCH

Schimpfe so, daß du schnell wieder Freund werden kannst.

PERIANDER

II. UNTERNEHMENSPLANUNG

Erstens nicht planlos und nicht ohne Ziel.
Zweitens sich auf nichts anderes als auf das
Gemeinschaftsziel beziehen.

MARC AUREL

GENIUS IN ACTION

Denn die Hauptanforderung auch an den vollendeten Kenner in bezug auf Schärfe der Untersuchung ist die, daß er nicht fehlgreife in Anwendung der leitenden Gesichtspunkte, indem alles einzelne auf die einfachen Elemente und Bezeichnungen zurückgeführt wird. Denn es ist nicht möglich, die gedrängte Masse des das Ganze umfassenden Wissensstoffes zu beherrschen, wenn man nicht imstande ist, vermittelst kurzer Bezeichnungen auch jedes einzelne in voller Schärfe mit dem Geiste zu umfassen.

EPIKUR

Wenige gibt es, die sich und das ihrige nach einem festen Plane ordnen; die übrigen gehen nicht, sondern lassen sich herumtreiben nach Art von Dingen, die auf den Wogen schwimmen. Von ihnen trägt den einen eine ruhigere Welle zögernd und sanfter dahin, einen andern reißt eine ungestümere fort, wieder einen setzt eine Woge in schon ermattendem Laufe am nächsten Ufer ab, einen andern wirft eine reißende Strömung ins hohe Meer hinaus. Daher müssen wir fest bestimmen, was wir wollen, und dabei beharren.

SENECA

Wer richtig bei Verstande ist, der setzt seine Hoffnung auf Erreichbares. Wer unverständig ist, der hofft immer auf das Unmögliche.

DEMOKRIT

Wenn etwas kleiner ist als das Größte, so ist es darum noch lange nicht unbedeutend.

Von der Zukunft hängt ab, wer nicht versteht, in der Gegenwart zu wirken.

Nie ist zuwenig, was genügt.

Großes muß auch mit großem Geiste beurteilt werden; sonst wird der Fehler, welcher der unsrige ist, als Fehler jener Dinge erscheinen. So gewähren die geradesten Gegenstände, wenn sie ins Wasser gesteckt sind, den Blikken den Schein des Krummen und Geknickten. Es kommt also nicht bloß darauf an, was man sieht, sondern wie man es sieht.

Wer an Eifer und treuem Streben nur etwas nachläßt, muß rückwärts gehen. Niemand findet den Fortschritt da, wo er ihn verlassen hatte. Laßt uns daher eifrig sein und beharrlich bleiben! Mehr, als wir schon vollbracht haben, ist noch übrig, aber ein großer Teil des Fortschritts ist es schon, fortschreiten zu wollen.

Sooft du zu wissen wünschest, was du zu fliehen oder zu erstreben hast, so fasse nur das höchste Gut und den

Zweck des ganzen Lebens ins Auge. Mit diesem muß alles, was wir tun, übereinstimmen. Niemand wird das einzelne richtig ordnen, außer wer sich schon einen höchsten Zweck seines Lebens vorgesetzt hat. Niemand wird, auch wenn er alle Farben in Bereitschaft hat, ein Bild zustande bringen, wenn er nicht schon mit sich einig ist, was er malen will. Deshalb fehlen wir, weil wir alle nur über einzelne Teile des Lebens Betrachtungen anstellen, niemand aber über das Ganze. Wer einen Pfeil absenden will, muß wissen, worauf er zielt, und dann mit der Hand dem Geschosse die Richtung geben. Unsere Ratschläge aber irren, weil sie kein bestimmtes Ziel haben. Für einen, der nicht weiß, nach welchem Hafen er steuern will, gibt es keinen günstigen Wind.

SENECA

ZURÜCK ZUR NATUR

Wenn du deine Handlungen nicht jederzeit nach dem von der Natur gesteckten Ziel ausrichtest, sondern ihnen, mag es sich um Meiden oder Streben handeln, vorher irgendeine andere Richtung gibst, dann werden deine Taten nicht mit deinem vernünftigen Denken übereinstimmen.

EPIKUR

Niemand ist überdrüssig des Nutzens, dessen er teilhaftig wird. Nutzen ist eine Handlung nach der Natur; so werde nicht überdrüssig des Nutzens, dessen du teilhaftig wirst, dadurch daß du nützest.

MARC AUREL

Es ist ein edles Unternehmen, im Vertrauen auf die Natur, nicht auf seine eigenen Kräfte, Hohes zu wagen, zu versuchen und im Geiste noch Größeres sich vorzunehmen, als selbst von den mit einem gewaltigen Geiste Ausgerüsteten vollführt werden kann.

SENECA

Das Natürliche ist nicht schimpflich.

VERGIL

SELBST IST DER MANN

Es ist sinnlos, von den Göttern zu fordern, was man selber zu leisten vermag.

EPIKUR

Wer Großes versucht, ist bewundernswert, auch wenn er fällt.

SENECA

Was bedarf es einer Vermutung, wo es doch möglich ist, Ausschau zu halten, was getan werden muß, und wenn du es im Blick hast, wohlgemut unverwandt dahin auszuschreiten, wenn du es aber nicht im Blick hast, innezuhalten und die besten Ratgeber zu verwenden, wenn sich aber anderes dem in den Weg stellt, nach den jeweiligen Möglichkeiten überlegt vorwärtszugehen, indem du dich an das, was gerecht scheint, hältst. Denn am besten ist es, dieses zu treffen; denn sonst wird sicher das Abirren ein Abirren von diesem sein. Ein ruhiges und zugleich bewegtes, ein heiteres und zugleich gesetztes Wesen ist, wer in allem der Vernunft folgt.

MARC AUREL

Trau lieber deiner Kraft als deinem Glücke.

PUBLILIUS SYRUS

Wenn du ein Haus baust, vollende es.

HESIOD

ZIELPLANUNG

Es fehlt am Plan, wenn zu viele Pläne da sind.

PUBLILIUS SYRUS

Wer in Praxis oder Theorie ein Fachmann werden will, schlägt die Richtung auf das Allgemeine ein, und macht es sich zu eigen, denn, jede Wissenschaft hat als Gegenstand das Allgemeine.

Das Endziel jeder Aktivität deckt sich mit dem Endziel der festen Grundhaltung.

Nicht alle Ziele sind Endziele.

ARISTOTELES

Ein Ziel muß dir den Wunsch begrenzen.

HORAZ

Das Denken allein setzt nichts in Bewegung: erst wenn es sich auf einen Zweck und auf ein Handeln einstellt.

ARISTOTELES

Das vorgesetzte Ziel müssen wir uns fest einprägen, auch alles, was uns Wirklichkeit ist und worauf wir unsere Annahmen gründen können. Tun wir das nicht, dann werden nur Unklarheit und Verwirrung herrschen.

Das Dasein des Weisen wird nur in nebensächlichen Dingen vom Zufall gestört, denn die wichtigen, wirklich bedeutenden hat seine Überlegung im voraus geregelt, hält sie auch im Laufe der Zeit in Ordnung und wird sie immer in Ordnung halten.

EPIKUR

PHANTASTISCHER REALISMUS

Verwirfst du irgendeine Sinneswahrnehmung und unterscheidest dabei nicht zwischen dem auf Grund bloßer Erwartung nur Angenommenen und dem, was du tatsächlich wahrnehmen konntest sowie zwischen Empfindung und Vorstellung, dann wirst du mit deiner verkehrten Meinung auch alle übrigen Sinneswahrnehmungen verwerfen und damit jedes Kriterium verlieren. Wenn du dagegen die Sinneswahrnehmungen als zuverlässig ansetzest, aber die bloß auf Erwartung beruhende Vorstellung und überhaupt alles, was durch die Sinne nicht bestätigt wird, als unzuverlässig ansiehst, dann kann dir der Trug nicht entschlüpfen, so daß du jeden inneren Zwiespalt und die Entscheidung darüber, was richtig und was unrichtig ist, stets wirst überwachen können.

EPIKUR

KEINER LEBT FÜR SICH ALLEIN

Die Natur hat uns zur Gemeinschaft erschaffen.

EPIKUR

Es geht dich auch an, wenn das Haus des Nachbarn brennt.

HORAZ

Wenn wir uns alle stets nur helfen wollten, kein einziger Mensch bedürfte noch des Glücks.

MENANDER

Alle Körper sind mit dem Weltganzen zusammengewachsen und wirken wie unsere Glieder miteinander zusammen.

Das Gute . . . des Vernunftwesens ist die Gemeinschaft. Denn daß wir zur Gemeinschaft geboren sind, ist längst bewiesen.

Alles, was an einem Gemeinsamen Anteil hat, strebt zum Verwandten. Alles Erdartige hat den Zug zur Erde; alles Feuchte fließt zusammen, ebenso das Luftartige, so daß sie trennende Wände und Gewalt nötig haben . . . Und so strebt alles, was an der gemeinsamen geistigen Natur Anteil hat, gleichfalls zum Verwandten oder noch mehr. Denn im Maße, wie es höher steht als das Übrige, ist es auch zur Vermischung mit dem Verwandten und zum Zusammenfließen geneigter . . . – . . . einzig die geistigen Wesen haben das Streben zueinander vergessen und ihre Hinneigung, und hier allein sieht man nicht das Zusammenfließen.

Schäm' dich nicht, dir helfen zu lassen. Denn dir liegt ob, das Zukommende zu leisten, wie einem Soldaten bei einem Mauerkampf. Wie nun, wenn du, weil du hinkst, nicht allein auf die Brustwehr steigen kannst, zusammen mit einem andern dies aber möglich ist?

MARC AUREL

Immer sei der berühmte Vers in unserem Herzen und auf unseren Lippen: »Ich bin ein Mensch; nichts Menschliches ist mir fremd.« Halten wir fest zusammen; für die Gemeinschaft sind wir geboren. Die menschliche Gesellschaft gleicht einem Gewölbe, das zusammenstürzen würde, wenn sich nicht die einzelnen Steine gegenseitig stützten – gerade die Tendenz zum Einsturz hält den Bogen.

SENECA

Schon Ameisen, Bienen, Störche tun manches um anderer willen; viel enger ist noch die natürliche Verbundenheit der Menschen. Darum sind wir von Natur zum Beisammensein, zur Versammlung, zum staatlichen Leben geschaffen ... – ... jeder einzelne von uns ist ein Teil dieser Welt. Das hat die natürliche Folge, daß wir den allgemeinen Nutzen vor den unsrigen zu stellen haben. Wie nämlich die Gesetze das Wohl aller dem Wohle des einzelnen voranstellen, so sorgt auch der gute und einsichtige Mensch, der den Gesetzen gehorcht und sich seiner Bürgerpflicht bewußt ist, mehr für den Nutzen der Gesamtheit als für den eines einzelnen oder für seinen eigenen.

CICERO

Handle weder widerwillig noch ohne Rücksicht auf die Gemeinschaft, noch ohne Prüfung, noch hin- und hergerissen.

Was dem Schwarm nicht zuträglich ist, ist auch der Biene nicht zuträglich.

Ich habe etwas im Sinne der Gemeinschaft getan. Also habe ich den Nutzen davon. Diese Folgerung soll immer greifbar vor dir stehen, und steh' nirgends von solchem Tun ab.

Eine deiner Handlungen nun, die sich nicht unmittelbar oder von fern auf das Gemeinschaftsziel bezieht, die zerreißt das Leben, läßt es nicht eins sein und ist aufrührerisch wie der, welcher sich in einem Volke für seinen Teil vom bestimmten Zusammenklang trennt.

MARC AUREL

ERFAHRUNGEN

Erfahrung weiß viel mehr als die Propheten.

PHÄDRUS

Das Wesen der Dinge versteckt sich gern.

HERAKLIT

Warum den Geist, den allzu schwachen, quälen mit Plänen für Ewigkeiten?

HORAZ

Erstrebe nichts Unmögliches.

CHILON

Auch was zum Riesen wächst, muß zwerghaft keimen.

PUBLILIUS SYRUS

Geh' langsam ans Werk; aber hast du begonnen, harre aus.

BIAS

Mut steht am Anfang des Handelns, Glück am Ende.

DEMOKRIT

Der Einfall liebt den Zufall; dieser wiederum den Einfall.

ARISTOTELES

Was du vorhast, sage nicht, denn gelingt's dir nicht, lacht man dich aus.

PITTAKOS

Wer Neues bringt, will gern vor feinsichtige Augen und in feinfühlige Hände kommen.

HORAZ

Was du auch unternimmst, bedenk das Ende.

PUBLILIUS SYRUS

Wer Großes nur mit seinem Mund vollbringt, kann die nur täuschen, die ihn noch nicht kennen, doch die ihn kennen, lachen über ihn.

PHÄDRUS

Bei großen Unternehmungen allen zu gefallen, ist schwierig.

SOLON

In der Mitte wirst du am sichersten gehen.

OVID

Erfahrung macht bedenklich.

HORAZ

Es ist zu spät, Brunnen zu graben, wenn der Durst brennt.

PLAUTUS

Auf vernachlässigtem Acker sprießt das Unkraut üppig.

HORAZ

Die besten Gedanken kommen hinterher.

EURIPIDES

Die Arbeit hat bittere Wurzeln, aber süße Frucht.

ARISTOTELES

Süß ist die Erinnerung an vergangene Mühen.

EURIPIDES

So viel Erfahrung hast du, und du nützt sie nicht?

JUVENAL

III. WIE WIRD MAN TOP-MANAGER?

Zwei Dinge muß man überwinden:
erstens die Einbildung, als ob einem nichts zu seinem Glück fehlt,
zweitens den Kleinglauben, als ob man in einer solchen Welt nicht glücklich werden könne.

EPIKTET

MAN LERNT IMMER

Nicht wollen ist der Grund, nicht können nur der Vorwand.

SENECA

Veranlagung haben ist das Beste, das zweitbeste, etwas lernen.

EPICHARMOS

Durch Lehren lernen wir.

Lang ist der Weg durch Lehren, kurz und wirksam durch Beispiele.

SENECA

Warum aus falscher Scham lieber irren als lernen?

HORAZ

Nichts wissen ist keine Schande, aber nichts lernen wollen.

DIONYSIUS CATO

Wissen ist für die Wissenden eine zweite Sonne.

HERAKLIT

Den jungen Leuten, die alles Lernen verachten, weil sie glaubten, von Natur aus einen guten Kopf zu haben, zeigte er (Sokrates), daß gerade die besten Köpfe den Unterricht am nötigsten hätten. Er wies es ihnen an den Pferden nach: Die am besten gebauten, feurigsten, schnellsten würden nur dann auch die frömmsten und besten Pferde abgeben, wenn sie beizeiten zugeritten würden, wenn sie aber ungebändigt blieben, die wildesten und schlechtesten. So sei es nun auch bei den Menschen. Je bessere Anlagen sie hätten, je stärker an Seele und je tüchtiger sie zu jeder Verrichtung seien, desto besser und nützlicher würden sie, wenn sie, durch Unterricht gebildet, lernten, was sie zu tun und zu lassen hätten; sie wirkten dann viel Gutes und vollbrächten große Leistungen für die Allgemeinheit. Blieben sie hingegen ohne Erziehung und Unterricht, würden sie leicht Übeltäter und Schädlinge.

Er (Sokrates) schloß auf gute Anlagen, wenn einer schnell erfaßte, worauf er seine Aufmerksamkeit richtete, im Gedächtnis behielt, was er gelernt hatte, und nach allen Kenntnissen und Einsichten strebte, die es ermöglichen, ein Hauswesen wie einen Staat richtig zu verwalten und überhaupt mit Menschen gut umzugehen und menschliche Angelegenheiten zweckmäßig zu erledigen.

XENOPHON

Wer immer widerspricht und über alles schwatzt, ist nicht fähig, das zu lernen, was nötig ist.

DEMOKRIT

Wir kommen nicht dazu, das Notwendige zu lernen, weil wir das Überflüssige gelernt haben.

SENECA

Übe dich auch in den Dingen, an denen du verzweifelst. Denn auch die linke Hand, die zu den übrigen Dingen aus Mangel an Übung ungeschickt ist, hält die Zügel fester als die rechte; denn darin ist sie geübt.

MARC AUREL

Für wen also habe ich dies alles gelernt? Du brauchst nicht zu fürchten, deine Mühe verloren zu haben, wenn du es für dich gelernt hast.

SENECA

GENERATIONEN

Niemand wird sich beschweren, wenn er seinem Alter gemäß gehorchen muß, noch sich für überlegen halten, zumal es ihm ja bevorsteht, wenn er in das geeignete Alter kommt, dasselbe Ehrenrecht wie die Älteren zu erlangen. So kann man also sagen, daß zwar dieselben Leute herrschen und gehorchen, aber in einem verschiedenen Lebensabschnitt. Und ebenso muß auch die Erziehung dieselbe sein und doch auch wieder verschieden: denn wer ein guter Herrschender sein soll, der muß – so sagt man – zuerst gehorcht haben.

ARISTOTELES

RISK-RUNNING

Nicht weil es schwer ist, wagen wir's nicht, sondern weil wir's nicht wagen, ist es schwer.

SENECA

Der Mut meistert die Gefahr, bevor sie auftaucht.

Gefahrlos läßt die Gefahr sich nicht besiegen.

Die Narbe, die der Mut bringt, ist nicht häßlich.

PUBLILIUS SYRUS

Kein Ringkämpfer kann großen Mut zum Kampfe mitbringen, der noch niemals braun und blau geschlagen worden ist. Der aber, der sein Blut schon fließen sah, dessen Zähne krachten unter Faustschlägen, der niedergerungen die ganze Last seines Gegners auf seinem Leibe trug und zu Boden geschleudert den Mut nicht verlor, der, sooft er fiel, trotziger wieder aufstand, der schreitet mit großer Hoffnung zum Kampfe hinab.

SENECA

DER RECHTE AUGENBLICK

Nur einmal werden wir geboren, ein zweites Mal ist nicht möglich, und wir müssen dann eine ganze Ewigkeit hindurch nicht mehr sein. Trotzdem schiebst du den rechten Augenblick immer wieder hinaus und bist doch nicht einmal Herr über den morgigen Tag.

EPIKUR

Zu spät wird der Geist zum Bestehen der Gefahr erst nach der Gefahr gerüstet.

SENECA

Denn wer fürchtet, was nicht zu vermeiden ist, kann auf keine Weise ruhig leben.

CICERO

Der Handelnde muß sich nach den Erfordernissen des Augenblicks richten, wie der Arzt, wie der Steuermann.

ARISTOTELES

MANAGERS EIN UND ALLES

Was du für den Gipfel hältst, ist nur eine Stufe.

SENECA

Wer dem äußeren Erfolg zu großen Wert beimaß, den wird ein Umschwung aus der Fassung bringen.

HORAZ

Uns lockt des andern Los und den das unsre.

PUBLILIUS SYRUS

Es fragt wohl mancher: »Ach was haben wir alles nicht?« Aber er täte besser, wenn er fragte: »Was ist es wohl, das wir nicht haben?«

NACH PLUTARCH

Jeder messe sich mit seiner Elle.

HORAZ

FÜR KARRIEREMACHER

Gutes Aussehen ist eine schweigende Empfehlung.

Ein guter Name ist ein zweites Erbteil.

PUBLILIUS SYRUS

Was man in unsaubere Töpfe füllt, wird bald schlecht.

Lange wird neues Geschirr noch nach dem riechen, womit es zuerst gefüllt wurde.

HORAZ

Den Willigen führt das Geschick, den Störrischen schleift es mit.

SENECA

Sieh zu, daß dir nicht der Mächtigen Schwellen frostig werden.

PERSIUS

Der Zwerg wird nicht größer, auch wenn er sich auf einen Berg stellt.

SENECA

Bei allem, was du tust, bedenke die notwendigen Voraussetzungen und die Folgen, dann erst beginne; andernfalls wirst du zwar voll Eifer daran gehen, da du eben die Umstände nicht bedacht hast; wenn aber Schwierigkeiten kommen, wirst du mit Schande aufhören.

Merke: bei allem, was dir begegnet, frage dich selbst: Was habe ich demgegenüber für eine Fähigkeit? Siehst du z.B. einen schönen Knaben oder ein schönes Mädchen, so wirst du ihnen gegenüber die Fähigkeit der

Selbstbeherrschung finden. Wird dir eine schwere Arbeit zugemutet, so wirst du die Ausdauer finden. Wirst du geschmäht, so hast du Langmut.

... prüfe dich selbst, ob du der Sache gewachsen bist. Willst du ein Ringer oder Kämpfer werden, so schau auf deine Arme, deine Schenkel, prüfe deine Hüfte. Denn nicht jeder taugt zu jedem.

Du kannst als unbesiegbar dastehen; du mußt dich nur in keinen Kampf einlassen, in dem der Sieg nicht von dir abhängt.

EPIKTET

Ich werde zur See gehen, es müßte denn etwas vorfallen; ich werde Prätor werden, es müßte denn ein Hindernis eintreten; das Unternehmen wird mir wohl gelingen, es müßte denn etwas dazwischen kommen. Das nun eben ist es, weshalb wir behaupten, dem Weisen begegne nichts wider Vermuten: wir nehmen ihn nicht von den Zufällen, wohl aber von den Verirrungen der Menschen aus; und es geht ihm nicht alles, wie er es wollte, aber wie er sich's dachte; vor allem aber bedachte er, daß seinen Plänen etwas in den Weg treten konne.

SENECA

KNOW-HOW

Wer etwas kann, ist immer reich.

PHÄDRUS

... du wirst finden, daß in allen Dingen Ruhm und Bewunderung denen zuteil werden, die die besten Fachkenntnisse haben, Schande und Verachtung dagegen die Unfähigen trifft. Strebst du danach, in deiner Stadt gerühmt und bewundert zu werden, so versuche dir für die Aufgaben, die du übernehmen willst, die besten Kenntnisse zu erarbeiten.

Nimm dich in acht, lieber Glaukon, daß du beim Streben nach Ruhm nicht das Gegenteil erreichst! Siehst du nicht, wie gefährlich es ist, wenn man etwas nicht versteht und doch davon reden oder sich damit befassen will?

SOKRATES

ERFOLGSSPRÜCHE

Allzu heftiges Verlangen nach etwas macht die Seele für alles andere blind.

Ob einer sich bewährt oder nicht, hängt nicht nur von dem ab, was er tut, sondern auch von dem, was er beabsichtigt.

DEMOKRIT

Vieles haben die geleistet, die vor uns gewesen sind; aber sie haben es nicht zu Ende geleistet.

Ein altes Sprichwort lautet: Der Gladiator faßt seinen Entschluß erst in der Arena.

»Ich hätte nicht gedacht, daß dies geschehen werde!« Warum aber nicht? Wo ist der Reichtum, dem nicht Armut, Hunger und Bettelstab folgen könnte, wo ein Ehrenamt, dessen purpurverbrämtes Gewand und Augurstab und patrizische Ehrenkette nicht Entbehrung, Verbannung, Brandmarkung und tausenderlei Schandflecke und die äußerste Verachtung begleiten könnte? Wo ist ein Königsthron, für den nicht Umsturz, Zertrümmerung, ein Usurpator und Henker bereitstände? Und der Zwischenraum ist nicht groß, eine kurze Spanne Zeit liegt zwischen dem Throne und dem Knien vor einem andern. Erkenne also, daß jeder Zustand wandelbar ist, und daß alles, was irgendeinem zustößt, auch dir zustoßen kann.

SENECA

Nicht, wenn für dich selber etwas schwer zu bewältigen ist, annehmen, es sei dies dem Menschen unmöglich, sondern, wenn etwas den Menschen möglich und eigen ist, glaub, daß dies auch für dich erreichbar ist.

MARC AUREL

Kleine Seelen werden durch Erfolge übermütig, durch Mißerfolge niedergeschlagen.

EPIKUR

Dem Neide wirst du entgehen, wenn du verstehst, dich im stillen zu freuen.

Bist du erst auf dem Gipfel angelangt, sind alle gleich.

SENECA

Nah ist die Zeit, daß du alles vergissest, nah die Zeit, daß alle dich vergessen.

MARC AUREL

Kein Handelsmann gedeiht hinter dem Ofen.

HORAZ

Bei Großem genügt auch das Wollen.

PROPERZ

Schwerwiegende Entscheidungen überdenke in der Nacht.

EPICHARMOS

Wer sich im Sieg besiegen kann, siegt zweimal.

PUBLILIUS SYRUS

Mühe ist der Preis, um den uns die Götter alle Güter verkaufen.

EPICHARMOS

Zu wissen, wann man aufhören soll, ist eine Kunst.

APELLES

FÜR DEN MORGENMUFFEL

Wenn du am Morgen nur widerstrebend aufwachst, sei der Gedanke bereit: Ich wache für eine menschliche Betätigung auf. Soll ich nun noch schlechter Laune sein, wenn ich mich daran mache, zu leisten, wofür ich geboren bin und um dessentwillen ich in die Welt geführt worden bin? Oder bin ich dazu veranlagt, daß ich unter der Decke liege und mich wärme? »Aber dies ist lustvoller.« Bist du also zur Lust geboren? Und überhaupt zum Fühlen oder zum Handeln? Siehst du nicht, wie die Pflanzen, die Spatzen, die Ameisen, die Spinnen, die Bienen dadurch, daß sie ihr eigenes Werk tun, für ihren Teil ein Ordnungsgefüge zusammenbringen? Und da willst du nicht das Menschenwerk tun? Du läufst nicht zu dem hin, was deiner Natur gemäß ist? »Aber man muß sich auch erholen.« Ja, das meine ich auch, aber auch dafür gab die Natur das richtige Maß.

Am Morgen sich vorsagen: Zusammentreffen werde ich mit einem taktlosen, undankbaren, einem unverschämten, arglistigen, einem neidischen, unverträglichen Menschen. Alle diese Eigenschaften ergeben sich für sie aus der Unkenntnis dessen, was gut und schlecht ist. Insofern ich meinerseits die Natur des Guten erfaßt habe, daß es (sittlich) schön ist, und die des Schlechten, daß es (sittlich) häßlich ist, und die Natur des Fehlenden selbst, daß er mit mir verwandt ist, nicht weil er gleiches Blut und gleichen Samen, sondern Geist und göttlichen Anteil mit mir gemein hat, kann ich weder von einem dieser Menschen geschädigt werden – denn in Häßliches wird mich niemand verwickeln –, noch kann ich dem Verwandten zürnen oder mich mit ihm verfeinden. Sind wir doch zum Zusammenwirken geboren wie die Füße, die Hände, die Augenbrauen, die Reihen der oberen und unteren Zähne. Einander entgegenzuhandeln, ist also naturwidrig; zum Entgegenhandeln aber gehört, Unwillen zu empfinden und sich abzuwenden.

MARC AUREL

ANTIKES PFLICHTGEFÜHL

Alle Ehrenhaftigkeit des Lebens beruht auf Pflege, alle Schande auf Vernachlässigung der Pflicht.

CICERO

Jedes ist zu einem Zwecke da, Pferd, Weinstock. Was wunderst du dich? Auch die Sonne wird sagen, ich bin zu einer Aufgabe da, und die übrigen Götter. Du nun wozu?

Zum Vergnügen? Sieh' zu, ob das der Begriff von dir zuläßt.

MARC AUREL

Immer wenn man sich die Frage stellt, was Pflicht sei, soll man sich gegenwärtig halten, wie hoch der Mensch nach seiner ganzen Natur über dem Vieh und jeglichem Tier steht.

Wenn einer im Ertragen stark ist, so genügt er der Pflicht. Daß er sich auch darüber freue, verlange ich nicht. Denn ohne Zweifel ist es eine traurige Sache, hart, bitter, der Natur widerstrebend, schwer auszuhalten und zu überstehen.

CICERO

MANAGERS HEIMLICHE LIEBE: DAS PRESTIGE

Für wenige ist geboren, wer nur an seine Zeitgenossen denkt.

SENECA

Der Volksmund, der heute gab, wird morgen nehmen, ganz nach Laune.

HORAZ

Zum Seh'n kommen sie hin, hin kommen sie, daß man sie sehe.

OVID

Sieh zu, daß du nicht zu einem Höfling wirst, daß der Purpur nicht auf dich abfärbt. Das kommt nämlich vor.

MARC AUREL

Es ist dir ein anderer vorgezogen worden bei einem Essen, bei einer Begrüßung, bei einer Beratung. Ist das nun etwas Wertvolles, so mußt du dich freuen, daß es jenem zuteil geworden ist. Sind es aber keine Güter, warum ärgert es dich, daß du sie nicht erlangt hast? Wenn du nicht dasselbe tust, wie der andere, um zu erlangen, was nicht in deiner Macht steht, dann kannst du auch nicht auf dasselbe Anspruch erheben. Denn wie kann einer, der sich nicht oft in den Vorzimmern der Großen aufhält, sich nicht in ihrem Gefolge befindet, keine Loblieder singt, wie kann der dasselbe erreichen, wie der, der das alles tut? Du bist unbillig und anspruchsvoll, wenn du, ohne jene Auszeichnungen mit diesen Diensten zu erkaufen, sie umsonst empfangen willst . . . Du wurdest nicht zu Tische geladen. Ja, hast du denn dem Einladenden gegeben, wofür er sein Gastmahl verkauft? Er verkauft es um Lob, um Aufmerksamkeiten. Ist es nun zu deinem Besten, so bezahle den Preis, wofür man diese Ehre kauft. Wie anspruchsvoll und töricht bist du, wenn du die Ehre erlangen willst, ohne etwas dafür zu bezahlen. Hast du aber nichts anstatt der Einladung? Du hast das Bewußtsein, daß du den nicht gelobt hast, den du nicht loben wolltest, und daß du nicht sein »gehorsamer Diener« bist.

EPIKTET

Wenn wir um des Ruhmes willen nach Herrschaft streben wollen, so sei dieses Streben frei von Freveltat, denn alles, was frevelhaft ist, kann nicht zum Ruhme führen.

CICERO

Laß uns etwas suchen, das nicht bloß dem äußeren Scheine nach gut ist . . .

SENECA

Ehre und Ruhm nämlich, die meisterstrebten Güter, bestehen ja aus unsagbarer Nichtigkeit, denn dem, der etwas von dem Ewigen erschaut, scheint es Torheit, sich um solche Dinge zu bemühen.

ARISTOTELES

Der wahre Ruhm nämlich ist eine feste und scharf umrissene Sache, kein Schatten. Er ist das übereinstimmende Lob der Guten, die unverdorbene Stimme jener, die über hervorragende Werte richtig urteilen können. Er ist wie ein Echo, das der Tugend antwortet. Und da er zumeist rechten Taten folgt, so werden tüchtige Männer ihn nicht abweisen.

CICERO

EINTAGSFLIEGEN

Alles hat die Dauer eines Tages, was sich erinnert und woran es sich erinnert.

Wie viele, die viel besungen waren, sind schon der Vergessenheit überantwortet; wie viele, die diese besungen haben, sind längst ausgeschieden.

Wer sich vom Nachruhm beeindrucken läßt, stellt sich nicht vor, daß ein jeder von denen, die sich seiner erinnern, rasch auch selber sterben wird, dann wiederum sein Nachfolger, bis auch jede Erinnerung verlöscht ist, die durch Aufflammende und Verlöschende weitergeht.

MARC AUREL

DER SCHLECHTE KERN

Sie verachten einander und tun einander schön; sie wollen einander über sein und machen voreinander Bücklinge.

MARC AUREL

Betrachte jene Leute, die deine Beredsamkeit preisen, deinem Reichtum nachgehen, um deine Gunst buhlen, deine Macht in den Himmel erheben! Sie alle sind deine Feinde oder, was gleich ist, können es sein. So viele Bewunderer, so viele Neider.

SENECA

Man darf die Verfehlungen nicht nach dem äußeren Ergebnis beurteilen, sondern nach der schlechten Einstellung des Menschen.

CICERO

Dem Unmöglichen nachzujagen ist Wahnsinn; unmöglich aber ist es, daß die schlechten Menschen nicht entsprechende Dinge tun.

MARC AUREL

... von dem Menschen droht dem Menschen tägliche Gefahr. Gegen diese rüste dich, diese beobachte mit gespannten Blicken: kein Übel ist häufiger, keins hartnäkkiger, keins schmeichlerischer. Ein Unwetter droht, ehe es heraufzieht; die Häuser krachen, ehe sie zusammenstürzen; der Rauch verkündet einen Brand voraus; aber plötzlich kommt das vom Menschen ausgehende Verderben und verbirgt sich um so sorgfältiger, je näher es herantritt. Du irrst, wenn du den Gesichtern derer traust, die dir begegnen. Sie haben die Gestalt von Menschen, aber die Seele von wilden Tieren, nur daß der erste Anlauf dieser verderblicher ist; an wem sie aber vorübergegangen sind, den suchen sie nicht weiter; denn niemals treibt sie etwas anderes als die Not, zu schaden. Sie werden durch Hunger und Furcht zum Kampfe genötigt; nur dem Menschen macht es Freude, den Menschen zu verderben. Du jedoch bedenke die Gefahr, die vom Menschen ausgeht, so, daß du zugleich bedenkest, was des Menschen Pflicht sei. Das eine fasse ins Auge, um nicht verletzt zu werden, das andere, um nicht zu verletzen.

SENECA

HERDENTRIEB

Was wir niemals nachahmen würden, wenn es wenige täten, dem schließen wir uns an, sobald mehrere damit anfangen; als ob es dadurch besser würde, daß es häufiger vorkommt. So tritt bei uns an die Stelle des Rechten der Irrtum, sobald dieser allgemein geworden ist.

Wir legen großen Wert auf das allgemeine Urteil der Menschen, und es gilt bei uns als Beweis der Wahrheit, wenn etwas allen richtig erscheint.

Nachteilig ist der Verkehr mit der Menge. Da ist keiner, der uns nicht irgendeinen Fehler empfiehlt oder aufdrängt oder unvermerkt anhängt. In der Tat, je größer die Menge ist, in die wir uns mischen, desto größer ist auch die Gefahr.

SENECA

Verkenne dich nicht, mein Bester, und hüte dich vor dem Fehler, in den so viele Menschen verfallen! Die große

Menge neigt dazu, in die Angelegenheiten anderer hineinzusehen, und denkt nicht daran, sich selbst zu prüfen.

SOKRATES

... was ist wertvoll? Beklatscht zu werden? Nein, also auch nicht von Zungen beklatscht zu werden. Denn die Lobpreisungen seitens der großen Menge sind Zungengeklatsche.

MARC AUREL

Woran sich der große Haufe ergötzt, das gewährt nur ein geringes und oberflächliches Vergnügen, und jede uns von außen zugeführte Freude entbehrt der Grundlage ...

Nichts bringt uns in größere Übel, als wenn wir uns nach dem Gerede der Leute richten, für das Beste halten, was allgemein angenommen ist, nicht nach Vernunftgründen, sondern nach Beispielen leben. Betrachte jene gewaltige Zusammenhäufung von Leuten, wo einer über den anderen fällt. Wie bei einem großen Menschengedränge niemand fällt, ohne auch noch andere nach sich zu ziehen, und die Vordersten den Folgenden verderblich werden, so ist es im ganzen Leben: Niemand irrt nur für sich allein, sondern er ist auch Ursache und Urheber fremden Irrtums. Jeder will lieber glauben als nachdenken, und so wird nie über das Leben nachgedacht. Immer glaubt man nur anderen, und ein von Hand zu Hand weitergegebener Irrtum lenkt uns und stürzt uns ins Verderben.

Zieh dich in dich selbst zurück, so viel du kannst; verkehre mit denen, die dich besser machen werden, und verstatte solchen den Zutritt, die du besser machen kannst.

SENECA

Zuweilen hat die Menge den richtigen Blick.

HORAZ

Die Stimmen soll man wägen, nicht zählen.

CICERO

Diogenes kam von den Olympischen Spielen zurück. Einer fragte ihn, ob da eine große Menge versammelt sei. »Eine große Menge, ja«, erwiderte Diogenes, »aber wenige Menschen.«

DIOGENES LAERTIOS

TIPPTOPP-MANAGEMENT

. . . wähle einfach und frei das Bessere und halte dich daran.

MARC AUREL

Die Schienbeine und die Hoffnungen soll man nicht zu weit hinausstrecken.

EPIKTET

Wer sich zweimal an demselben Stein stößt, muß blind oder ein Schafskopf sein.

PUBLILIUS SYRUS

Eine schlechte Maus, die nur ein Loch kennt.

PLAUTUS

Wer einen Fehler rasch gutmacht, wird ihn mildern.

PUBLILIUS SYRUS

Freiwillige Mühen machen das Aushalten der unfreiwilligen leichter.

DEMOKRIT

. . . ein jeder ist soviel wert, wieviel das wert ist, womit er sich ernsthaft abgibt.

Wer nicht immer ein und dasselbe Lebensziel hat, vermag nicht ein und derselbe das ganze Leben hindurch zu sein.

Lauf immer den kurzen Weg. Kurz ist der Weg gemäß der Natur, daß du auf gesundeste Art alles sprichst und tust. Denn es befreit ein solcher Vorsatz von Mühe und Drucksen und jeder Art Nebenabsicht und Flunkerei.

MARC AUREL

Wer Großes versucht, ist bewundernswert, auch wenn er fällt.

Eine große Sache ist nicht für nichts zu haben. Schätze ab, was du lieber willst: dich selbst aufgeben oder deine Ämter.

SENECA

Hast du eine Aufgabe übernommen, der du nicht gewachsen bist, so wirst du dich damit nicht nur bloßstellen, sondern darüber auch das versäumen, was du hättest tun können.

EPIKTET

Das ist ein schmählicher Lenker eines Schiffes, dem die Fluten das Steuer entreißen, der die flatternden Segel verläßt und das Fahrzeug dem Wind und Wetter preisgibt; der aber ist selbst beim Schiffbruch zu preisen, den das Meer begräbt, während er das Steuerruder festhält und sich gegen die Wogen stemmt.

SENECA

Beste Art, sich zu wehren, sich nicht anzugleichen.

MARC AUREL

Tust du etwas in der Überzeugung, daß du es tun mußt, so schäme dich nicht, dabei gesehen zu werden, und kümmere dich nicht um das Urteil der andern. Ist dein Tun unrecht, so wirst du es selbst unterlassen; handelst du recht, so brauchst du ungerechten Tadel nicht zu fürchten.

EPIKTET

Durch Zweifelsucht kann unser ganzes Dasein zerstört und für immer zum Trümmerhaufen werden.

Notwendigkeit ist ein Übel, aber es besteht keine Notwendigkeit, unter einer Notwendigkeit zu leben.

EPIKUR

Denke daran, seit wie langer Zeit du diese Dinge aufschiebst.

MARC AUREL

Dies ist eben der Torheit eigentümlich, die Fehler der andern zu bemerken, die eigenen dagegen zu vergessen.

CICERO

Es ist besser, sich seine eigenen Fehler einzugestehen, als die Fremder aufzudecken.

DEMOKRIT

Übergebührliches weder tun noch sagen.

Oft erwäge die Verknüpfung von allen Dingen in der Welt und ihre gegenseitige Beziehung. Denn alle Dinge sind gewissermaßen miteinander verflochten.

Schätze niemals als einen Vorteil, was dich einmal dazu zwingen wird, die Treue zu übertreten, die Achtung im Stich zu lassen, jemanden zu hassen, zu beargwöhnen, zu verfluchen, dich zu verstellen, etwas zu wünschen, was der Mauern und Vorhänge bedarf.

Weder in den Taten nachlässig sein, noch in Gesprächen ein Durcheinander machen, noch in den Vorstellungen herumschweifen, noch seelisch sich mitreißen lassen oder abspringen, noch im Leben der Muße entbehren.

MARC AUREL

Von der Zukunft hängt ab, wer nicht versteht, in der Gegenwart zu wirken.

SENECA

FASSE DICH KURZ!

Sprich nur das Notwendige und kurz.

EPIKTET

Das meiste nämlich von dem, was wir sagen und tun, ist nicht notwendig, und wenn man es wegläßt, wird man mit schönerer Mußezeit und geringerer Unruhe leben. Man muß also bei jeder Gelegenheit sich daran erinnern: Ist vielleicht dies etwas Unnötiges? . . .

MARC AUREL

Sprich, wenn die Umstände es erfordern; aber nicht über die gewöhnlichen Gegenstände der Unterhaltung, über Zirkusspiele, Wettrennen, Ringkämpfer, über Essen und Trinken. Vor allem sprich nicht über deine Mitmenschen, sei es tadelnd, oder lobend, oder vergleichend. Vermagst du es, so lenke das Gespräch auf einen würdigen Gegenstand. Bist du aber unter Andersgesinnten, so schweige.

Sprich nicht viel und über Gebühr von deinen eigenen Taten und Gefahren.

EPIKTET

Kurz zu sein, strebe ich an . . .

HORAZ

Nicht viele Worte verraten kluges Urteil.

THALES

Kein Wort gibt es, daß nicht schon früher gesagt worden ist.

TERENZ

RHETORIK

Die Rede ist die Kleidung der Seele, ist sie geschoren, geschminkt und mit Kunst gefertigt, so zeigt sie, daß auch die Seele nicht echt ist und irgendeinen Schaden hat.

SENECA

Er (Sokrates) war nämlich der Überzeugung, wer einen richtigen Begriff von einer Sache habe, der sei auch imstande, sich anderen darüber mitzuteilen; es sei aber kein Wunder, wenn einer, der keine festen Begriffe habe, sich und andere täusche. Daher wurde er nicht müde, mit seinen Freunden die richtigen Begriffe der Dinge herauszuarbeiten.

XENOPHON

Laß die Zunge nicht dem Verstand vorauslaufen.

CHILON

Bei einer Rede muß der Ausgangspunkt unbestreitbar, der Stil einfach und angemessen sein.

DIOGENES

Die Sache halte fest, die Worte werden sich dann schon einstellen.

CATO (DER ÄLTERE)

Reden lernt man durch Reden.

CICERO

Wie der Mann, so die Rede.

PLATON

Den Samischen Gesandten, die eine lange Rede hielten, sagten die Spartaner: »Den Anfang haben wir vergessen, und das Ende nicht verstanden, weil wir den Anfang vergessen hatten.«

NACH PLUTARCH

... vom Redner verlange ich die Fähigkeit, sich geschickt, jeder besonderen Lage angemessen und mit gepflegter Anmut auszudrücken.

CICERO

Bei jedem Wort nämlich muß der zugrunde liegende Gedanke gleichsam mit Augen geschaut werden und keines

Beweises bedürfen, wenn anders wir einen festen Punkt haben müssen, auf den wir das Gesuchte, Bezweifelte oder bloß vermutungsweise Erkannte zurückführen können.

EPIKUR

Am meisten nützt eine Rede, die sich in kleinen Abschnitten in die Seele einschleicht; vorher ausgearbeitete und vor dem zuhörenden Volke sich ergießende Vorträge haben mehr Geräuschvolles als Vertrauliches . . .

Wie exzessive Gelage, wie der Kleiderluxus Zeichen einer kranken Gesellschaft sind, so die Verlotterung der Sprache, wenn sie einmal überhand nimmt, ein Symptom dafür, daß die Seelen, aus denen diese Reden hervorgehen, dekadent geworden sind.

SENECA

Ein Redner nämlich, der das Wort klug und weise beherrscht, erntet hohe Bewunderung, und wer ihn hört, traut ihm höhere Einsicht und überlegenes Wissen gegenüber allen anderen zu. Wenn in der Rede sich Würde mit Bescheidenheit mischt, so kann es nichts Bewundernswerteres geben, zumal wenn der Redner noch ein junger Mann ist.

CICERO

SCHLUSSWORTE

Es ist unglaublich, mein Lucilius, wie leicht die Lockung des Schönredens selbst bedeutende Männer von der Wahrheit wegführt.

SENECA

Bei den Göttern, ich bitte euch, hört auf, mit schönen Worten große Taten zu besudeln, soviel ihr es vermögt.

EPIKTET

Eine Art Habgier ist es, wenn einer immer reden und nicht zuhören will.

DEMOKRIT

Hat sich der Geist einmal daran gewöhnt, das, was üblich ist, zu bemäkeln, und ist ihm das Hergebrachte zu gewöhnlich, sucht er auch in seiner Rede das Neuartige.

SENECA

Falsch und trügerisch sind die Leute, welche mit dem Mund alles und in Wirklichkeit nichts tun.

DEMOKRIT

SCHLÜSSIGES

Ein Orden und der Galgen wird manchmal auf demselben Wege verdient.

JUVENAL

Was hilft dem Blinden eine Brille?

NACH STOBÄUS

Kleines Haus, große Ruhe; großes Haus, kleine Ruhe.

PHÄDRUS

Jeder Charakterfehler erregt um so mehr Aufsehen, je prominenter der Täter ist.

JUVENAL

Sein Hab und Gut liebt stärker, wer es sich erarbeitet, als wer es geerbt hat.

ARISTOTELES

Lange zwar mahlen die Mühlen der Götter, doch sie mahlen Feinmehl.

SEXTUS EMPIRICUS

Einbildung ist der Rückschritt des Fortschritts.

HERAKLIT

Verbirg dich im Unglück, damit du deinen Gegnern keine Freude machst.

PERIANDER

Habt acht vor Grimassen im Rücken!

PERSIUS

Dem Ausfrager entzieh dich, denn er ist auch ein Ausplauderer.

HORAZ

Es ist weder von den Toten ein Gespräch noch von den Geizigen eine Wohltat zu erwarten.

SOKRATES

IV. MANAGER AND MONEY

Goldene Zügel machen ein Roß nicht besser.

SENECA

GELDTHEORIE

Alles was ausgetauscht werden soll, muß vergleichbar sein. Zu diesem Zwecke dient das Geld, das gewissermaßen einen Mittelwert bildet. Denn es gibt einen Maßstab für alles ab, also auch für den Überschuß und den Abmangel, z. B. wie viele Schuhe einem Haus entsprechen oder einem Nahrungsmittel. Dem Verhältnis des Baumeisters zum Schuster entspricht es also, daß soundsoviel Schuhe auf ein Haus kommen; dem des Schusters zum Bauern, daß soundsoviel Schuhe auf ein bestimmtes Quantum von Lebensmitteln kommen. Ohne diese Proportionalität gäbe es weder Austausch noch Gemeinschaft. Und diese können nur bestehen, wenn in gewissem Sinn Gleichheit herbeigeführt wird. Es muß also, wie gesagt, eine Einheit geben, an der man alles messen kann. Diese ist in Wahrheit das Bedürfnis, das alles zusammenhält. Denn wenn die Menschen keine Bedürfnisse hätten und nicht in der gleichen Weise, so würde es entweder keinen Austausch geben oder nur einen ganz ungleichen. Ausdrucksmittel des Bedürfnisses ist nun gewissermaßen das Geld geworden, und zwar nach Übereinkunft.

ARISTOTELES

PECUNIA OLET?

Wer hat eigentlich wen schmutzig gemacht, das Geld ihn oder er das Geld? Fällt es doch gewissen Leuten zu wie ein Denar in eine Kloake.

Unsere Eltern haben uns zu Bewunderern des Goldes und Silbers gemacht und die dem zarten Alter eingeflößte Begierde hat sich tiefer festgesetzt und ist mit uns gewachsen. Das ganze Volk, in allem andern uneinig, stimmt hierin überein; dies achten sie hoch, dies wünschen sie den Ihrigen, dies weihen sie, gleich als wäre es das Größte unter den menschlichen Dingen, den Göttern, wenn sie dankbar sein wollen. Kurz, es ist mit den Sitten dahin gekommen, daß Armut für eine Schmähung und einen Schimpf gilt, von den Reichen verachtet, den Armen verhaßt.

. . . zu Käufern geworden und hinwiederum selbst käuflich geworden, fragen wir nicht, wie etwas beschaffen ist, sondern wieviel es kostet. Um Lohn sind wir gewissenhaft, um Lohn gewissenlos und folgen dem sittlich Guten, solange einige Hoffnung dabei ist, bereit, zum Gegenteile überzugehen, wenn Freveltaten mehr versprechen.

SENECA

Wem es gar zu sehr aufs Geld ankommt, der wird nie gerecht sein.

DEMOKRIT

GELD UND MORAL

Die seelische Haltung, die jedem das Seine gibt und das Interesse der menschlichen Gesellschaft freigebig und gleichmäßig gegen alle im Auge behält, heißt Gerechtigkeit.

CICERO

Geld zu verdienen, ist durchaus nötig, aber auf unrechte Weise, das ist schlimmer als alles.

DEMOKRIT

Wer Nutzen und Sittlichkeit voneinander trennt, zerstört die Grundgesetze der Natur. Wir alle streben nach Nutzen, haben ein unwiderstehliches Verlangen nach ihm. Wer sollte dem ausweichen, was für ihn ersprießlich ist? Wer wird nicht vielmehr mit größtem Eifer ihm nachgehen? Da wir nun aber wahren Nutzen nur in dem finden können, was lobenswert, geziemend und sittlich einwandfrei ist, darum halten wir Handlungen solcherart für die wichtigsten und bedeutungsvollsten und alles, was wir unter Nutzen begreifen, das halten wir nicht sowohl für edel als vielmehr für schlechterdings notwendig.
Ein Höchstmaß an Bewunderung erntet, wer sich durch Geld nicht beeindrucken läßt; darin sich bewähren, heißt die Feuerprobe bestehen.

CICERO

Gebrauche dein Vermögen, aber mißbrauche es nicht.

CATO

Verlust nimm eher als bösen Gewinn; denn jener schmerzt einmal, dieser immer.

CHILON

Die Überzeugungskraft des rechten Wortes ist manchmal stärker als die des Geldes.

DEMOKRIT

Das Gerechte als ein Regulierendes ist nichts anderes als die Mitte zwischen Verlust und Gewinn.

ARISTOTELES

Ehrlichkeit ist heutzutage ein seltenes Wildbret.

OVID

Zuerst fragt man nach dem Vermögen, zuallerletzt nach der Moral.

JUVENAL

Schwierig ist's, reich zu sein und doch moralisch zu leben.

MARTIAL

NIE GENUG?

... wem gering zuwenig ist, dem ist nichts genug.

EPIKUR

... wer reich werden will, will es auch schnell werden.

Die Liebe zum Geld wächst im selben Maße wie das Geld selbst.

JUVENAL

Du fragst, welches das Maß des Reichtums sei? Fürs erste zu haben, was nötig ist, nächst dem, was genug ist.

Reichtum stimmt und erheitert den Weisen so wie den

Schiffenden günstiger Fahrtwind, und ein sonniger Ort in Winterszeit und Frost.

SENECA

Indessen ist es klar, daß die Glückseligkeit auch der äußeren Güter bedarf. Denn es ist unmöglich oder doch schwer, das Gute zu tun, wenn man keine Mittel hat. Denn vieles läßt sich nur mit Hilfe von Freunden, von Reichtum, von politischem Einfluß, deren wir uns als Werkzeuge bedienen, ausführen.

ARISTOTELES

Das beste Vermögensverhältnis ist das, welches weder bis zur Armut herabsinkt, noch weit von Armut entfernt ist.

SENECA

... den Reichtum sieht man ja häufig in einer Menge Geld, weil die Erwerbskunst und der Handel mit diesem zu tun hat. Manchmal aber erscheint es dann wieder, als sei das Geld bloß ein eingebildeter Wert und lediglich Sache von Gesetz und Brauch, von Natur aber gar nichts. Denn wenn diejenigen, die sich seiner bedienen, es ändern, ist es auf einmal nichts mehr wert, man kann es dann zu keinem der notwendigen Dinge mehr brauchen, und obwohl reich an Geld, wird man dann Mangel an der notwendigen Nahrung haben. Ein solcher Reichtum aber ist doch sinnwidrig, in dessen Besitz man Hungers sterben kann, wie man von jenem Midas erzählt, dem infolge seiner unersättlichen Habgier alles, was man ihm an Speisen vorsetzte, durch seine Berührung zu Gold wurde. Man sucht daher den Reichtum und den Gelderwerb zu unterscheiden, und zwar mit Recht.

Es gibt aber Leute, die aus allem einen Gelderwerb machen, als ob dies das Ziel wäre, auf das sich alles richten müßte.

ARISTOTELES

GELD UND GLÜCK

Weder vom Körper noch vom Geld hängt es ab, ob Menschen glücklich sind, sondern ob er mit sich zurecht kommt oder immer etwas anderes will.

DEMOKRIT

Viele, die zu Reichtum gelangt sind, gewannen kein Mittel gegen ihre Leiden, sondern nur den Wechsel zu noch größeren Qualen.

EPIKUR

Das Geld hat noch keinen reich gemacht.

Nicht wer wenig hat, sondern wer viel wünscht, ist arm.

O möchten doch alle, welche sich Reichtum wünschen, mit den Reichen sich beraten, und die, welche sich um Ehrenstellen bewerben möchten, mit den Ehrgeizigen und denen, die zur höchsten Stufe der Würden gelangt sind! Wahrlich, sie hätten bald ihre Wünsche geändert, während jene unterdessen neuen Raum geben, nachdem sie die früheren verworfen. Denn es gibt keinen, dem sein Glück genügte, auch wenn es im Laufe gestürzt kommt.

O des großen und auf die edelste Art reichen Mannes ... wenn er ruhig und ohne Bedenken dem Volke das Durchsuchen seiner Habe gestatten könnte. Wenn niemand etwas bei ihm gefunden hat, woran er Hand legen konnte, dann mag er kecklich und vor aller Welt ein Reicher sein.

SENECA

KLEINER GEIST UND GROSSES GELD

Ruhm und Reichtum ohne Verstand sind ein unsicherer Besitz.

DEMOKRIT

Der Reichtum, den die Natur verlangt, ist begrenzt und leicht zu beschaffen, der dagegen, nach dem wir in törichtem Verlangen streben, geht ins Ungemessene.

EPIKUR

Die Leute, die auf ihren Reichtum pochten und glaubten, keiner Erziehung mehr zu bedürfen, die da meinten, ihr Vermögen reiche aus, all ihre Wünsche durchzusetzen und von ihren Mitmenschen geehrt zu werden, alle die wies Sokrates zurecht. Er sagte, ein Tor sei, wer glaube, Nützliches und Schädliches unterscheiden zu können, ohne es gelernt zu haben; ein Tor sei, wer ohne diese Unterscheidung glaube nutzbringend handeln zu können, weil er sich mit seinem Reichtum verschaffen könne, was er wolle; einfältig sei, wer, ohne nutzbringend handeln zu können, sich einbilde, es gehe ihm gut und sein Fortkommen sei aufs beste gesichert; einfältig sei schließlich auch der, der hoffe, auf Grund seines Reichtums, ohne etwas zu verstehen, den Ruf eines tüchtigen Mannes zu erreichen oder, ohne für einen tüchtigen Mann zu gelten, zu Ehre und Ansehen zu gelangen.

XENOPHON

. . . besonders hüte man sich vor der Geldgier. Nichts zeugt so von Engherzigkeit, so von einem kleinen Geist, als den Reichtum zu lieben, nichts so von sittlicher Größe als Geld, das man nicht besitzt, zu verachten, solches aber, das man besitzt, großzügig zum Wohle anderer zu verwenden.

CICERO

Gold, Silber, Marmor und große, polierte runde Tische sind irdische Massen, die ein reiner, seiner Natur sich bewußter Geist nicht lieben kann, der selbst leicht, ledig und, wenn er einmal freigelassen wird, sich in die höchsten Regionen aufzuschwingen bestimmt ist.

Der Geist ist's, welcher reich macht.

SENECA

Wenn einer Geld hat, darf er so dumm sein, wie er will.

OVID

Könnte Reichtum wirklich Klugheit bescheren, könnte er Begierde und Angst dir mindern, dann müßtest du gewiß erröten, wenn einer auf der Welt dich an Gewinnlust überträfe.

HORAZ

VERDRUSS DURCH ÜBERFLUSS?

Ich bin im Besitz des Reichtums, dich aber hat der Reichtum in Besitz.

Wozu die vielen Schlafzimmer? Ihr könnt ja doch nur in einem schlafen.

Warum häuft ihr Schätze auf Schätze? Wollt ihr nicht bedenken, wie klein eure Körper sind? Ist es nicht Wahnsinn und die äußerste Geistesverwirrung, da du doch so wenig fassest, so vieles zu begehren? Mögt ihr daher auch euer Vermögen vergrößern, die Grenzen eurer Besitzungen erweitern: Ihr werdet doch nie euern Körper weiter machen. Wenn sich auch euer Handelsverkehr gut rentiert, wenn euch der Kriegsdienst viel eingetragen hat, wenn eure überallher aufgespürten Lebensmittel sich gehäuft haben, so werdet ihr doch keinen Raum haben, wo ihr eure Vorräte unterbringen könnt. Warum also scharrt ihr so vieles zusammen?

SENECA

Man soll nicht aus Gier nach fernen Gütern die nahen gering achten, sondern bedenken, daß auch diese einmal zu den sehnlich erwünschten gehört haben.

Gemessen an den Absichten der Natur ist Armut ein großer Reichtum, dagegen Reichtum, der keine Grenzen kennt, eine große Armut.

EPIKUR

Das Geld ist ein guter Diener, aber ein schlimmer Herr.

HORAZ

VOM SPENDENWESEN

Das Haus des reichen Mannes selbst – wieviel Gelegenheit hat es, wohlzutun!

SENECA

Kleine Wohltaten im rechten Augenblick können für den Empfänger sehr groß sein.

DEMOKRIT

So wie er, auch wenn er einen Weg zu Fuß machen kann, doch lieber einen Wagen besteigen wird; so wird er, wenn er reich werden kann, allerdings Schätze wünschen und besitzen, aber als eine unbeständige und leicht wieder entfliehende Sache, und nicht zulassen, daß sie einem andern oder ihm selbst drückend werden. Wieso? Er wird Schenkungen machen – was spitzt ihr die Ohren, was öffnet ihr die Taschen? – Er wird Schenkungen machen entweder an Gute oder an solche, die er gut machen kann. Er wird Schenkungen machen, indem er mit größter Überlegung die Würdigsten auswählt, weil er sich erinnert, daß man sowohl von dem Ausgegebenen als dem Eingenommenen Rechenschaft geben muß. Er wird Schenkungen machen aus rechten und löblichen Beweggründen; denn wo es auf schändliche Weise weggeworfen wird, ist ein Geschenk übel angebracht. Er wird offene, aber nicht durchlöcherte Taschen haben, aus denen vieles herausgeht, aber nichts herausfällt.

SENECA

Weder sei unsere Kasse so verschlossen, daß sie sich nicht zur Wohltätigkeit gelegentlich öffne, noch stehe sie offen für jedermann: Man halte maß und gebe im Rahmen der verfügbaren Mittel. Bei uns zulande geht ein altes Sprichwort um, das zu beherzigen ist: »Schenken ist ein Faß ohne Boden.« Wo ist denn eine Grenze, wenn auf die einen, die sich daran gewöhnt haben, zu empfangen, andere folgen mit dem gleichen Verlangen?

Wer dagegen gestützt auf persönliche Kraft und Fähigkeit wohltätig und freigebig ist, der gewinnt erstens, je weiter sein Arm reicht, für seine Hilfeleistung um so mehr Mithelfer, zweitens wird er mit zunehmender Gewohnheit immer bereitwilliger und geübter darin, den Kreis seiner Empfänger zu erweitern . . .

Es unterliegt demnach keinem Zweifel, daß jene Wohltätigkeit, die sich gründet auf den Einsatz der eigenen Person, ehrenhafter ist und mehr Leuten zugute kommt, da sie ein viel weiteres Wirkungsfeld hat.

CICERO

Wer schnell gibt, gibt doppelt.

PUBLILIUS SYRUS

V. PSYCHOLOGISCHES FÜR BETRIEB UND PRIVAT

Die Krankheit der Seele gleicht
vollkommen dem ungesunden Zustand des Körpers.

ZENON

PSYCHOSOMATISCHES

Ändert sich der Zustand der Seele, so ändert dies zugleich auch das Aussehen des Körpers und umgekehrt: Ändert sich das Aussehen des Körpers, so ändert dies auch zugleich den Zustand der Seele. Betrübnis und Freude sind seelische Affekte: es ist aber offenbar, daß die Betrübten einen düsteren, die fröhlichen einen heiteren Blick haben.

ARISTOTELES

Krankheiten sind veraltete und verhärtete Gebrechen, wie Habsucht und übertriebener Ehrgeiz; haben sie sich einmal des Gemüts bemächtigt, so haben sie auch angefangen, beständige Übel desselben zu sein.

SENECA

Wer nämlich einmal Fieber gehabt hat und es wieder verloren hat, ist nicht mehr ganz derselbe wie vor dem Fieber, es sei denn, er ist völlig geheilt worden. Ebenso verhält es sich auch bei den Krankheiten der Seele. Es bleiben in ihr Spuren und Striemen zurück, die, wenn man sie nicht gut wegbringt, bei einem zweiten Schlage auf derselben Stelle nicht mehr Striemen, sondern offene Wunden bilden.

EPIKTET

Es gibt nämlich ein Heilmittel für die Seele, die Philosophie. Damit sie hilft, muß man nicht wie bei den Krankheiten des Körpers auswärts suchen, sondern mit allen Mitteln und Kräften darauf hinarbeiten, daß wir uns selber heilen können.

CICERO

Wenn jemand einem Geisteskranken Einzelvorschriften macht, wie er sich benehmen soll, ist er wahnsinniger als der, den er mahnt; . . . die Ursache der Geisteskrankheit muß man beheben. Ebenso muß man bei dem sonstigen seelischen Wahnsinn vorgehen. Er selbst muß zerstreut werden; sonst sind die Mahnungen in den Wind gesprochen.

ARISTON

Wie aber die Ärzte, wenn sie den ganzen Körper heilen, zur gleichen Zeit auch den geringsten Körperteil, der mitgelitten hatte, mitheilen, so beseitigt die Philosophie, wenn sie die Gesamtheit des Kummers beseitigt, gleichzeitig, was sonst an Irrtümern entstanden war . . .

Man muß sich jedoch bei den Krankheiten der Seele nicht weniger Zeit lassen als bei denen des Leibes.

CICERO

BESIEGTER SCHMERZ

... ich leugne nicht, daß der Schmerz Schmerz sei – denn wozu bedürfte es sonst der Tapferkeit? –, sondern ich behaupte, daß er durch die Ausdauer überwunden wird ...

CICERO

Beginnst du, dich dem zu entziehen, was dich drückt, was über dir hängt, was dich drängt, so wird es dir nachsinken und nur um so schwerer auf dir lasten; wenn du aber Widerstand leistest und den Willen hast, dich dagegenzustemmen, so wird es zurückgedrängt werden.

SENECA

... dem Schmerz wie einem Feind entgegentreten. Mit welchen Waffen? Mit der Anspannung, der Entschiedenheit, dem inneren Wort ...

CICERO

... nicht ausrotten soll man ihn (den Schmerz), sondern beherrschen.

KRANTOR

Der Schmerz sitzt nicht unaufhörlich im Fleische. Je heftiger er ist, um so kürzer währt er. Ist er aber neben der Lust vorhanden, diese im Fleische nur übersteigend, so bleibt er nicht viele Tage. Bei einem längeren Leiden aber ist die Freude noch immer etwas größer als der Schmerz im Fleische.

EPIKUR

... Überlegungen, ... durch die ich innerlich zur Ruhe kam, hatten die Kraft einer Medizin. Ein Trost, der sich moralisch verantworten läßt, wirkt wie ein Heilmittel, und was die Seele aufrichtet, nützt auch dem Körper.

Unter den Widerwärtigkeiten selbst spreche man: Künftig ist's vielleicht Freude, der jetzigen Leiden zu gedenken.

Mit ganzer Seele kämpfe man dagegen; man wird besiegt werden, wenn man weicht; man wird siegen, wenn man gegen seinen Schmerz ankämpft.

SENECA

... in Wahrheit ist jeder Schmerz erträglich.

CICERO

Schmerz, der nicht größer werden kann, wird kleiner.

Der Balsam aller Schmerzen ist Geduld.

PUBLILIUS SYRUS

AUS DER PRAXIS DER ANTIKE

Schimpflich ist es, wenn im Leben, in dem dir der Körper nicht versagt, die Seele vorher versagt.

MARC AUREL

... diesen leidigen Körper halte, obgleich nichts ohne ihn geschehen kann, mehr für eine notwendige als für eine wichtige Sache.

Wir sollten uns so verhalten: nicht als müßten wir für unseren Körper leben, sondern als könnten wir es nicht ohne ihn.

Manchen Kranken gratuliert man, wenn sie selbst zur Einsicht gekommen sind, daß sie krank sind.

Halte also fest an dieser vernünftigen und heilsamen Lebensregel, daß du dem Körper nur so viel zugestehst, als für die Gesundheit genügt. Er muß etwas hart behandelt werden, damit er der Seele nicht ungehorsam sei: Die Speise stille den Hunger, der Trank lösche den Durst, das Kleid halte die Kälte ab, das Haus sei eine Schutzwehr gegen alles dem Körper Feindliche.

SENECA

Der Geist des Weisen ist immer ohne Krankheit . . .

CICERO

Die Krankheit macht die Gesundheit angenehm . . .

HERAKLIT

Was Arzneien nicht heilen, heilt das Messer.

HIPPOKRATES

Leiden sind Lehren.

ÄSOP

Wem es nicht schlecht geht, dem geht es gut genug.

ENNIUS

GEHETZT, GESTRESST . . .

Die meisten jagt, kein sicheres Ziel verfolgend, unstete, unbeständige, sich selbst mißfallende Unbeständigkeit von einem Plan zum andern.

Jener Tätigkeitsdrang, der am Getümmel seine Freude hat, ist eigentlich keiner, sondern die Betriebsamkeit eines gehetzten Geistes. Und andererseits ist das keine

Ruhe, die jede Bewegung als Zumutung empfindet, sondern Kraftlosigkeit und Mangel an Energie.

Nirgends ist, wer überall ist.

Deine Einstellung mußt du ändern, nicht deinen Aufenthaltsort.

Deine Unrast weist auf ein krankes Gemüt. Hauptmerkmal eines geordneten Geistes ist nach meiner Ansicht Beharrungsvermögen und die Fähigkeit zum Umgang mit sich selbst.

O wie gut erginge es manchen Menschen, wenn sie einmal aus ihrem Geleise herauskämen!

SENECA

EIN REZEPT (PRIVAT UND ALLE KASSEN):

Gerade das ist der Beweis einer Besserung der inneren Verfassung, daß die Seele ihre Fehler, von denen sie bisher nichts wußte, als solche erkennt.

Festen Stand fassen und bei sich verweilen können, halte ich für den ersten Beweis eines zur Ruhe gelangten Geistes.

SENECA

Zieh dich in dich selbst zurück. Das vernünftige Leitvermögen hat die Eigenheit, an sich selbst Genüge zu haben, wenn es recht handelt und eben deswegen Frieden hat.

Wenn du von den Umständen gezwungen wirst, gleichsam aus der Ruhe zu geraten, kehr schnell zu dir zurück und tritt nicht mehr als notwendig aus der Ordnung heraus. Du wirst nämlich über die Harmonie mehr Herr sein, wenn du fortgesetzt zu ihr zurückkehrst.

Lenken dich etwa die von außen einfallenden Dinge ab? Verschaff dir doch die Ruhe, etwas Gutes hinzuzulernen und hör auf umherzuirren.

MARC AUREL

Hat etwas mein Gemüt, das der Stöße ungewohnt ist, erschüttert, ist mir etwas zugestoßen, das entweder meiner unwürdig ist, wie das im menschlichen Leben oft vorkommt, oder mir nicht leicht genug gelingen will, oder erfordern wertlose Dinge zu viel Zeit, so wende ich mich zu meiner Muße zurück, und so wie das Vieh, auch wenn es ermüdet ist, mit schnelleren Schritten dem Stalle zueilt, so behagt es mir, mein Leben wieder in seine vier Wände einzuschließen. Dann soll mir niemand einen Tag rauben; denn niemand kann mir etwas geben, was solchen Aufwand wert wäre. Meine Seele vertiefe sich in sich selbst, baue sich selbst an, treibe nichts Fremdartiges, nichts, was vor den Richter gehört; willkommen sei nur die Ruhe, die von den Angelegenheiten des Ganzen und der einzelnen nichts weiß.

Man muß der Seele etwas zuliebe tun und ihr bisweilen Muße geben, die ihr als Nahrung und Stärkung dienen soll. Auch auf Spaziergängen im Freien muß man umherschweifen, damit der Geist unter freiem Himmel und in der freien Luft sich stärke und erhebe. Zuweilen wird auch eine Spazierfahrt, eine Reise, Ortsveränderung, ein geselliges Mahl und ein anständiges Trinkgelage neue

Regsamkeit geben; ja, mitunter darf es wohl gar bis zu einem Räuschchen kommen, nicht daß es uns ersäufe, aber doch untertauche. Denn das verscheucht die Sorgen, rüttelt die Seele von Grund in ihren Tiefen auf und ist wie gegen manche Krankheiten, so auch gegen die Traurigkeit, ein Mittel.

SENECA

. . . die Quelle der Gemütsruhe liegt in uns selbst.

NACH PLUTARCH

. . . UND FÜR CHRONISCHE FÄLLE: DIE PILLE DANACH

Gegen ein veraltetes Übel muß man mit größerer Kraft kämpfen.

Laß den Schwung deines Geistes nicht ermatten und erkalten. Aber zügle und disziplinicre ihn, daß zur geistigen Haltung wird, was jetzt nur begeisterter Aufschwung ist.

SENECA

Die Fähigkeit, am besten das Leben zu verbringen, liegt darin, wenn sich jemand gegenüber den gleichgültigen Dingen gleichgültig verhält. Er wird sich gleichgültig verhalten, wenn er jedes von ihnen getrennt und definierend betrachtet und sich daran erinnert, daß keines von ihnen uns eine Annahme über sich aufnötigt und auch nicht auf uns zukommt, sondern daß die Dinge bewegungslos sind, wir aber es sind, die die Urteile über sie erzeugen und gleichsam in uns aufschreiben, obgleich es doch möglich ist, sie nicht aufzuschreiben, und ebenso, wenn es etwa unversehens geschehen ist, sie gleich auszustreichen.

MARC AUREL

Ich aber wünsche dir den Besitz deiner selbst, damit dein von unsteten Gedanken umhergetriebener Geist endlich einmal festen Fuß fasse und sicher stehe, damit er an sich selbst Gefallen finde und nach Erkenntnis der wahren Güter, die man besitzt, sobald man sie erkannt hat, eines Zuwachsen an Jahren nicht bedürfen.

SENECA

DIE STÄNDIGE BEGLEITERIN

Wilde Tiere fliehen vor den Gefahren, die sie *sehen*; sind sie entronnen, fühlen sie sich sicher. Wir dagegen quälen uns mit Zukünftigem und Vergangenem.

SENECA

Wer täglich Furcht hat, leidet täglich Strafe.

PUBLILIUS SYRUS

Wer vor allem davonläuft und sich fürchtet und nirgends ausharrt, wird ein Feigling. Wer überhaupt vor nichts Angst hat und auf alles losgeht, der wird ein sinnloser Draufgänger.

ARISTOTELES

Wer nichts zu fürchten wünscht, der fürchte alles.

PUBLILIUS SYRUS

ÜBER DEN ANGSTHASEN

Unglücklich ist die Seele, die des Zukünftigen wegen ängstlich ist, und elend ist schon vor dem Elend, wer in Sorgen schwebt, ob das, woran er sich erfreut, ihm auch bis ans Ende verbleiben werde. Denn zu keiner Zeit wird er Ruhe haben und über der Erwartung des Kommenden auch das Gegenwärtige, das er genießen konnte, verlieren. Gleich aber stehen der Verlust einer Sache und die Furcht, sie zu verlieren.

Nichts ist elender und törichter, als sich vorher zu fürchten.

... mehr leidet, als nötig ist, wer eher leidet, als nötig ist.

SENECA

Aus Angst, mit Wenigem auskommen zu müssen, läßt sich der Durchschnittsmensch zu Taten hinreißen, die seine Angst erst recht vermehren.

EPIKUR

Ich weiß nicht, wie es kommt, daß Grundloses uns mehr in Bestürzung setzt; denn das Wahre hat sein Maß; alles aber, was aus ungewissen Quellen entspringt, ist der Vermutung und Willkür eines zagenden Gemüts dahingegeben.

SENECA

... wer Selbstvertrauen besitzt, wird sicher nicht Angst haben. Denn Vertrauen und Fürchten widersprechen einander.

CICERO

DIE ZUKUNFT AM ZÜGEL

Frage dich selbst: Quäle und kümmere ich mich etwa ohne Grund, und mache ich vielleicht zu einem Übel, was keines ist?

SENECA

Das Zukünftige soll dich nicht beunruhigen, denn du wirst, wenn nötig, zu ihm herankommen mit derselben Vernunft, die du jetzt dem Gegenwärtigen gegenüber gebrauchst.

Jedes Begegnis ist so vertraut und bekannt wie die Rose im Frühling und die Frucht im Sommer. So steht es auch mit Krankheit, Tod, Verleumdung, Nachstellung und allem, was die Toren erfreut oder betrübt.

Nichts ist neu; alles ist vertraut und von kurzer Dauer.

MARC AUREL

Man muß nicht darauf sehen, woher die Dinge kommen, sondern wohin sie gehen.

SENECA

Bedenke oft die Schnelligkeit des Vorüberzugs und Entschwindens des Seienden und Geschehenden und das dir nahe unendliche Gähnen der Vergangenheit und der Zukunft, in dem alles verschwindet. Wie ist also nicht ein Tor, wer unter solchen Umständen sich aufbläht oder abplagt oder sich wie bei etwas Dauerndem und auf lange Zeit Quälendem beklagt.

Denk an die ganze Substanz, an der du sehr geringen Anteil hast, und an die ganze Ewigkeit, von der dir ein kurzer, ein winziger Zeitraum bestimmt ist, und an das Verhängnis: Ein wie geringer Teil von ihm bist du?

Bei jeder Handlung frage dich: wie steht diese zu mir? Werde ich nicht Reue über sie empfinden? Kurze Zeit noch und ich bin tot, und alles ist vorbei.

In Gedanken an die Möglichkeit, gleich jetzt aus dem Leben zu scheiden, alles tun, sagen und denken. Von den Menschen abzuscheiden ist, falls es Götter gibt, nichts Schlimmes; denn sie werden dich nicht in Schlechtes verwickeln. Wenn sie aber entweder nicht existieren oder sich nicht um Menschliches kümmern, was liegt mir daran, in einer von den Göttern oder der Vorsehung verlassenen Welt zu leben? Aber sie existieren und sie kümmern sich um das Menschliche; und daß der Mensch nicht den wahrhaft schlechten Dingen verfällt, gaben sie gänzlich in seine Gewalt.

MARC AUREL

Willst du, daß einer in der Gefahr nicht zittere, so trainiere ihn vor der Gefahr.

SENECA

DAS ENTKLEIDETE LEID

. . . das Unglück stammt aus der Vorstellung, nicht aus der Natur.

Der Kummer ist eine Verwirrung der Seele.

Denn wenn jede Leidenschaft ein Elend ist, so ist der Kummer ein mörderisches. Die Begierde hat ihren Brand, die unmäßige Freude ihre Leichtfertigkeit, die Angst das Demütigende, aber der Kummer ein noch schwereres Leiden, Verfall, Qual, Niedergeschlagenheit, Verworfenheit. Er zerfetzt und zerfrißt die Seele und vernichtet sie ganz. Wenn wir ihn nicht beseitigen, so daß wir ihn von uns werfen, können wir vom Elend nicht wegkommen.

... zum Kummer gehören der Neid und die Eifersucht und die Mißgunst, das Mitleid, die Sorge, das Leid, dann Traurigkeit, Grübeln, Jammern, Besorgnis, Schmerz, Sich-Ärgern, Niedergeschlagenheit und Verzweiflung.

CICERO

Wie alle Fehler sich tief im Innern festsetzen, wenn sie nicht im Entstehen unterdrückt worden sind, so nährt sich auch diese Traurigkeit, dieses Elend, dieses Wüten gegen sich selbst zuletzt durch seine Bitterkeit selbst, und der Schmerz wird für das unglückselige Gemüt eine verkehrte Lust.

SENECA

»Ich Unglücklicher, daß mir dies widerfuhr.« Nicht doch, sondern: »Ich Glücklicher, daß ich, wo mir dies begegnet ist, unbekümmert bleibe, weder, wenn es gegenwärtig ist, niedergeschmettert, noch, wenn es herankommt, voll Furcht.« Denn begegnen konnte solches einem jeden, unbekümmert aber wäre nicht ein jeder darüber geblieben. Warum ist nun jenes eher ein Unglück als dieses ein Glück? Nennst du überhaupt Unglück des Menschen, was nicht ein Ungeschick der Natur des Menschen ist? Scheint dir aber ein Ungeschick der Natur des Menschen zu sein, was nicht gegen den Willen seiner Natur ist? Welches ist nun der Wille? Du kennst ihn; es hindert dich doch nun dieses Begegnis nicht, gerecht zu sein, großmütig, besonnen, verständig, unvoreilig, wahrhaftig, zurückhaltend, frei und so weiter die Tugenden zu haben, mit deren Zusammentreffen die Natur des Menschen, was ihr eigen ist, besitzt? Also denk bei allem, was dich in Kummer versetzt, daran, folgenden Leitsatz anzuwenden: Nicht nur ist das kein Unglück, sondern es tapfer tragen ist ein Glück.

MARC AUREL

VOM KUMMERKASTEN, ODER: FRAGEN SIE CICERO

Dies bewirkt nämlich die Philosophie: Sie heilt die Seelen, verscheucht den nichtigen Kummer, befreit von den Begierden, vertreibt die Angst. Aber diese ihre Kraft wirkt nicht gleich auf alle; sie ist nur dann groß, wenn sie eine geeignete Natur ergreift.

... man muß beim Lindern des Kummers darauf achten, welche Art von Heilmittel ein jeder zu ertragen vermag.

Wie nun, wenn die Sache selbst das Trauern verbietet?

So wird es denn beim Trösten das erste Heilmittel sein, zu zeigen, daß es sich um kein Übel handelt oder nur um ein sehr geringes ...

Denn was wird den Schmerz stärker stillen als die Erkenntnis, daß er nichts nützt und daß man ihn vergebens pflegt? Wenn man ihn aber ablegen kann, so kann man ihn auch nicht zulassen. Man wird also gestehen müssen, daß man den Kummer aus freiem Willen und Urteil zuläßt.

Wer sich nicht trösten läßt, der treibt sich selbst ins Elend, und wer sein eigenes Unglück anders trägt, als er selbst es die anderen tragen heißt, begeht keinen schlimmeren Fehler als die meisten Menschen, die als Geizige den Geiz, als Ruhmsüchtige die Ruhmsucht tadeln.

... ein Schmerz, der unvermerkt und langsam weiterläuft, verschwindet allmählich, nicht weil die Sache selbst sich veränderte oder sich verändern könnte, sondern weil die Erfahrung uns lehrt, was die Vernunft uns hätte lehren sollen, daß nämlich das, was uns als allzu groß erschien, in Wahrheit viel kleiner ist . . .

. . . wenn anerkanntermaßen der Kummer durch die Dauer beseitigt wird, dann liegt diese Wirkung nicht im Zeitablauf, sondern in dem täglichen Nachdenken. Denn wenn es sich um denselben Menschen und dieselbe Sache handelt, wie kann dann am Schmerz etwas geändert werden, wenn weder an dem, was den Kummer hervorruft, sich irgend etwas ändert, noch an dem, der den Kummer empfindet? Das tägliche Bedenken also, daß an der Sache kein Unglück sei, heilt den Schmerz, nicht die Zeitdauer selbst.

. . . nichts schlägt den Kummer stärker nieder und entfernt ihn mehr als das dauernde Erwägen in jeder Lebenslage, daß es nichts gebe, was nicht geschehen könne, als das Nachdenken über die Lage des Menschen, als das Gesetz des Lebens, und der Entschluß, diesem zu gehorchen; dies führt nicht dazu, daß wir immer Kummer empfinden, sondern dazu, daß wir niemals Kummer empfinden.

Dies ist eben jene hervorragende und göttliche Weisheit, die menschlichen Dinge völlig begriffen und durchdacht zu haben, sich über nichts zu wundern, wenn es geschieht, und nichts für unmöglich zu halten, ehe es geschehen ist. Darum müssen alle dann, wenn das Glück am größten ist, am meisten bei sich überlegen, wie sie widrigen Kummer auszuhalten vermögen. Gefahren, Schaden, soll man auf der Rückkehr von der Reise immer bei sich bedenken, eine Verfehlung des Sohnes, den Tod der Gattin, die Krankheit der Tochter. Man soll erkennen, daß dies allgemein ist, damit der Seele nichts davon jemals unerwartet zustoße. Was aber gegen unser Erwarten Gutes eintrifft, das soll man alles als Gewinn rechnen.

Wer ruhig ist, muß von aller Leidenschaft frei sein, also auch von Kummer. Dies kommt nun dem Weisen zu. Es wird also der Weise von Kummer frei sein.

Wer nämlich an die Natur des Alls, die Wechselfälle des Lebens, die Schwäche des Menschengeschlechtes denkt, der wird nicht trauern, wenn er dies tut, sondern gerade dann bewährt er sich im größten Maße als Weiser. Er erreicht nämlich beides: In der Betrachtung der Dinge erfüllt er die eigentliche Aufgabe der Philosophie, und in Widrigkeiten heilt ihn ein dreifacher Trost: Erstens, daß er schon lange daran gedacht hat, daß dergleichen geschehen könne, ein Gedanke, der in hervorragendstem Maße alle Sorgen schwächt und auflöst; zweitens, daß er begreift, man müsse menschliche Dinge auf menschliche Weise tragen; drittens endlich, daß er einsieht, daß es kein Übel gibt, außer der Schuld, und daß keine Schuld dort vorliegen kann, wo etwas eintrifft, was der Macht des Menschen entzogen ist.

CICERO

VI. SOZIALE BEZIEHUNGEN

Es ist Sache eines Kindes, nicht eines
erwachsenen Mannes, maßlos nach etwas
zu verlangen.

DEMOKRIT

GUT UND BÖSE

Nur dem sittlich Guten sind wir von Natur zugeeignet.

CHRYSIPP

Nur schwache Fünkchen der Erkenntnis gab uns die Natur mit, die wir schnell, durch schlechte Gewohnheiten und Meinungen verderbt, so ersticken, daß nirgends das Licht der Natur mehr hervordringt. Es sind nämlich in unseren Seelen angeborene Samen von Werten vorhanden, und wenn diese sich ungestört entwickeln könnten, würde die Natur selbst uns zur Glückseligkeit führen. Nun aber bewegen wir uns, sobald wir das Licht erblickt haben und vom Vater anerkannt sind, sofort in einer Welt von Schlechtigkeit und größter Verkehrtheit der Anschauungen, so daß wir sozusagen mit der Ammenmilch den Irrtum einsaugen. Sind wir dann den Eltern übergeben, weiter den Lehrern anvertraut, dann werden wir so tief in die mannigfachsten Irrtümer eingetaucht, daß dem Wahn die Wahrheit und der festgewordenen Meinung die Natur selbst den Platz räumt . . . Wenn dann noch als der oberste Lehrmeister das Volk hinzukommt und die von allen Seiten einmütig zum Schlechten drängende Masse, dann werden wir vollends von den verkehrten Meinungen angesteckt und fallen von der Natur ab.

CICERO

ÜBER DIE RECHTE GERECHTIGKEIT

Grundsätzlich ist das Recht für alle gleich, denn es bedeutet stets in der auf Gegenseitigkeit beruhenden Gemeinschaft etwas Nutzbringendes.

EPIKUR

Blättere im Buch der Menschheitsgeschichte, und du mußt bekennen: nur Furcht vor Unrecht schuf das Recht.

HORAZ

Gerechtigkeit: . . . daß jeder das Seinige und Gehörige hat und tut . . .

PLATON

Was innerhalb einer bestehenden Gemeinschaft anerkanntermaßen den wechselseitigen Bedürfnissen nützlich ist, das hat Anspruch, an Rechtes statt zu gelten, einerlei, ob sich daraus für alle das gleiche Recht ergibt oder nicht. Wenn aber jemand ein Gesetz durchsetzt, das dem innerhalb der Gemeinschaft bestehenden wechselseitigen Nutzen nicht entspricht, so besitzt dieses Gesetz nicht mehr die Eigenschaft eines wirklichen Rechts. Auch wenn der rechtschaffende gemeine Nutzen sich im Laufe der Zeit verändern sollte, das betreffende Recht aber immerhin noch eine Weile als solches empfunden wird, dann behält es während dieser Zeit bei allen, die sich nicht durch leeres Gerede verwirren lassen, sondern sich an Tatsachen halten, seine volle Rechtseigenschaft.

Zeigt es sich, daß bisher anerkannte Rechtssätze bei ihrer Anwendung auf den einzelnen Fall im Widerspruch zu ihren Voraussetzungen stehen, ohne daß sich die allgemeinen Verhältnisse geändert haben, dann sind sie kein Recht mehr. Dort aber, wo unter veränderten Verhältnissen die bisher geltenden Rechtssätze keinen Nutzen mehr spenden, waren sie trotzdem noch Recht, solange sie für die staatsbürgerliche Gemeinschaft noch nützlich waren; später freilich, wenn sie keinerlei Nutzen mehr haben, können sie auch nicht mehr als Recht gelten.

EPIKUR

RECHTES UND RICHTIGES

Nicht aus Angst, sondern weil es das Richtige ist, soll man sich von Verfehlungen fernhalten.

Es ist etwas Großes, auch im Unglück immer an das zu denken, was recht ist.

Klugheit führt zu dreierlei: richtig denken, richtig reden und tun, was recht ist.

DEMOKRIT

... Kampfesmut in Mühen und Gefahren ... ist doch fehlerhaft, wenn ihm die soziale Tugend der Gerechtigkeit fehlt und seine Triebfeder Eigennutz statt Einsatzes für das Allgemeinwohl ist.

... die Gerechtigkeit erstrebt keinen Lohn, keine Vergütung: An sich erstrebt man sie also, und ebenso steht es mit der Sache und der Meinung aller Tugenden ... Es ist nämlich das das Ungerechteste, Lohn für Gerechtigkeit zu suchen.

CICERO

Ein Unrecht läßt sich leichter tun als tragen.

PUBLILIUS SYRUS

DANKSAGUNG

Darin liegt das Wesen der Dankbarkeit: Dem, der uns einen Gefallen getan hat, dem sollen wir dafür einen Gegendienst leisten und selbst wieder mit der Gefälligkeit den Anfang machen.

ARISTOTELES

Erwarte vom andern, was du selbst ihm tatest.

Pflicht ist's, an den zu denken, der uns hochhob.

PUBLILIUS SYRUS

Der ist im Irrtum, der lieber eine Wohltat empfängt als erweist.

SENECA

Der eine ist, wenn er etwas Rechtes an einem tut, geneigt, die Gunst ihm vorzurechnen. Der andere ist zwar dazu nicht geneigt, aber sonst denkt er bei sich wie an einen Schuldner und weiß, was er getan hat. Der dritte weiß gewissermaßen nicht einmal, was er getan hat, sondern ist gleich einem Weinstock, der eine Traube getragen hat und nichts anderes dazu sucht, wenn er einmal die eigene Frucht getragen hat. Das Pferd, wenn es gelaufen ist, der Hund, wenn er die Spur verfolgt hat, die Biene, wenn sie Honig gemacht und dadurch einem Menschen Gutes getan hat, sie schreien es nicht heraus, sondern wenden sich zu anderem Tun, wie ein Weinstock dazu, wieder in der richtigen Zeit die Traube zu tragen. Zu denen also muß man gehören, die gewissermaßen ohne innere Aufmerksamkeit so handeln.

Wenn du Gutes getan hast und in anderer Hinsicht Gutes erfahren, was suchst du daneben noch ein drittes wie die Toren, daß du für einen Wohltäter giltst oder eine Gegengabe erlangst.

MARC AUREL

Jeder, der einem andern nützt, nützt sich selbst.

Ich bin dankbar, nicht, damit der andere, durch mein früheres Beispiel aufgemuntert, mir desto lieber Gutes erweise, sondern um zu tun, was an sich schon eine höchst angenehme und schöne Sache ist. Ich bin dankbar, nicht, weil es nützt, sondern weil es mir Freude macht.

Auch nach einer schlechten Ernte muß man wieder säen. Oft hat der reiche Ertrag eines einzigen Jahres wieder eingebracht, was durch die anhaltende Unfruchtbarkeit eines ungünstigen Bodens ausgefallen war. Es lohnt der Mühe, um einen Dankbaren zu finden, auch den Undank zu erfahren.

... wer mit dankbarer Freude eine Wohltat empfängt, hat sie bereits wieder erstattet.

SENECA

Gefälligkeiten soll man nur annehmen, wenn man sich vornimmt, noch größere Gefälligkeiten zum Entgelt zu erweisen.

DEMOKRIT

Wer selber niemanden liebt, der wird auch von keinem einzigen geliebt.

DEMOKRIT

Als Pythagoras gefragt wurde, was ein Freund sei, antwortete er: »Ein zweites Ich.«

NACH STOBÄUS

Dasselbe wollen und dasselbe nicht wollen, das erst ist feste Freundschaft.

SALLUST

Freundschaft ist Hilfe.

ARISTOTELES

Einklang des Denkens schafft Freundschaft.

DEMOKRIT

Wie jemand zu sich selbst steht, so steht er auch zu seinem Freunde.

ARISTOTELES

Obwohl der Weise sich selbst genug ist, wünscht er aber dennoch einen Freund, einen Nachbarn, einen Hausgenossen zu haben, . . . wäre es auch aus keinem anderen Grunde, als um die Freundschaft zu üben, damit eine so große Tugend nicht brach liege . . .

Zur Freundschaft zieht ihn (den Weisen) nicht eigener Nutzen, sondern ein natürlicher Reiz. Denn wie uns ein süßes Verlangen nach anderen Dingen angeboren ist, so auch nach der Freundschaft. Wie die Einsamkeit uns verhaßt ist und wie das Verlangen nach Geselligkeit von Natur aus den Menschen mit Menschen verbindet, so liegt darin auch ein Reizmittel, das uns nach Freundschaften trachten läßt.

SENECA

Von Natur sind die Menschen zur Freundschaft geschaffen: denn einer bedarf des anderen, einer fühlt mit dem anderen Mitleid, sie nützen sich gegenseitig in gemeinsamem Wirken und fühlen sich deshalb einander zu Dank verpflichtet. Andererseits wohnt in den Menschen aber auch ein Hang zur Feindschaft: Finden sie das gleiche schön und angenehm, so streiten sie sich darum, oder sind sie verschiedener Meinung, so entstehen darüber Zwistigkeiten. Zur Feindschaft führt auch Hader und Zorn, und Habgier erzeugt Groll, Mißgunst den Haß. Und trotzdem findet die Freundschaft durch all diese Schwierigkeiten hindurch den Weg und knüpft zwischen Edlen und Rechtschaffenen ihre Bande.

SOKRATES

TRAUEN UND PRÜFEN

Nach geschlossener Freundschaft muß man trauen, vor Abschluß der Freundschaft prüfen.

Überlege lange, ob einer in deine Freundschaft aufzunehmen sei; hast du aber einmal beschlossen, daß es geschehe, dann nimm ihn mit deinem ganzen Herzen auf und sprich mit ihm ebenso offen wie mit dir selbst. Du aber lebe so, daß du dir nichts vertraust, außer was du auch deinem Freunde vertrauen kannst. Doch weil dabei manches vorkommt, was die Gewohnheit zu Geheimnissen gemacht hat, so teile mit dem Freunde alle deine Sorgen, alle deine Gedanken.

Hältst du ihn für treu, so wirst du ihn auch dazu machen. Denn manche schon haben hintergehen gelehrt, indem sie hintergangen zu werden fürchteten, und dem andern durch Argwohn ein Recht gegeben, sich an ihnen zu versündigen.

Warum also sollte ich in Gegenwart meines Freundes irgendein Wort zurückhalten? Warum sollte ich in seiner Anwesenheit nicht allein zu sein glauben?

Einige erzählen allen ihnen in den Weg kommenden, was nur den Freunden zu vertrauen ist, und entladen sich alles dessen, was sie beschwert, in jedes Ohr; andere wieder scheuen sogar die Mitwissenschaft derer, die ihnen die Teuersten sind, und drängen als Leute, die sogar sich selbst nichts vertrauen würden, wenn sie könnten, jedes Geheimnis tief in ihr Inneres zurück. Keins von beiden darf man tun; denn beides ist ein Fehler, sowohl allen zu trauen, als keinem; doch das eine möchte ich einen edleren, das andere einen sicherer stellenden Fehler nennen.

SENECA

Erwirb Freunde nicht rasch; die du aber hast, verwirf nicht rasch.

SOLON

FREUNDE, FREUDE, FEINDE

Diese alle zu Freunden zu haben, wäre mühsam; es genügt, sie nicht zu Feinden zu haben.

SENECA

Wer nicht einen einzigen guten Freund hat, für den ist das Leben nicht lebenswert.

DEMOKRIT

Zur Freundschaft führt weniger der Wunsch nach dem, was wir von unseren Freunden verlangen, als vielmehr das Bedürfnis nach der Zuversicht, daß wir es von ihnen verlangen dürfen.

EPIKUR

Nichts jedoch erquickt den Geist so sehr wie treue und innige Freundschaft. Welch ein Glück ist es, wenn die Herzen bereitet sind, in denen jedes Geheimnis sicher verborgen ist, deren Mitwisser du weniger zu fürchten hast als dein eigenes, deren Wort deinen Kummer lindert, deren Ausspruch dir Rat bringt, deren Heiterkeit deine Traurigkeit verscheucht, deren Anblick dich schon erfreut!

SENECA

Viele Feinde kann ertragen, wer sich viele Freunde schafft.

PUBLILIUS SYRUS

Du kannst mich nicht zugleich zum Schmeichler und zum Freunde haben.

PHOKION

Sprich nicht schlecht von deinem Freund und nicht gut von deinem Feind: es wäre unlogisch.

PITTAKOS

Soll der Freund an deinen Beulen keinen Anstoß nehmen, so mußt du gegen seine Bläschen duldsam sein.

HORAZ

Sei zum Freunde so, als ob er leicht zum Feinde werden könnte.

PUBLILIUS SYRUS

Den sicheren Freund erkennt man in unsicherer Lage.

ENNIUS

Solange du glücklich bist, wirst du viele Freunde zählen, werden die Zeiten umwölkt, bist du allein.

OVID

Sei deinen Freunden in ihrem Glück und Unglück der gleiche.

PERIANDER

Wer nur sich berücksichtigt und deshalb eine Freundschaft schließt, denkt schlecht; wie er angefangen hat, so wird er enden. Er hat sich einen Freund verschafft, damit er ihm gegen Fesseln Hilfe bringen soll: sobald die fallende Kette geklirrt hat, wird er davongehen. Wer des Nutzens wegen zum Freunde angenommen worden ist, wird so lange gefallen, als er sich nützlich machen wird. Daher umlagert ein Schwarm von Freunden die Glücklichen: Um die Gestürzten her herrscht Einsamkeit, und da, wo sie auf die Probe gestellt werden, machen sich die Freunde davon . . . Wer Freund zu sein anfing, weil es ihm nützte, dem wird, wenn ihm an der Freundschaft noch irgend etwas außer ihr selbst gefällt, auch irgendein Preis gegen sie gefallen . . . Es entkleidet die Freundschaft ihrer erhabenen Würde, wer sie nur für die Fälle des Glücks stiftet.

SENECA

Wer ständig Hilfe fordert, auch wer sie niemals leistet, ist kein Freund. Der eine will für seine Zuneigung von uns Leistung kaufen, der andere beraubt uns für alle Zukunft der tröstenden Hoffnung.

EPIKUR

Menschen, die einen ganzen Schwarm von Freunden um sich haben und mit allen auf vertrautem Fuße stehen, sind erfahrungsgemäß niemandem Freund.

ARISTOTELES

Wer ewig krittelt, ist nicht für die Freundschaft geschaffen.

DEMOKRIT

FREUND SOKRATES

Auch von der Freundschaft habe ich Sokrates reden hören; und was er sagte, schien mir manchem sehr nützlich werden zu können, sowohl wenn es gilt, sich Freunde zu erwerben, als auch mit ihnen zu leben. Er sagte, man könne zwar von jedermann hören, daß ein zuverlässiger und rechtschaffener Freund das Beste sei, was man sich erwerben könne; aber die Erfahrung lehre, daß dies das Letzte sei, was man sich zu erwerben strebe. Er beobachte, sagte er, wie man sich Häuser, Äcker, Sklaven, Herden und Gerätschaften mit Eifer zu beschaffen suche und bemüht sei, ihren Besitz zu wahren; einen Freund, den man doch für das größte Gut erkläre, gebe man sich aber keine Mühe zu erwerben, noch erworbene Freunde sich zu erhalten. . . . vom übrigen Besitz lasse man nichts ohne Pflege und Aufsicht; Freunde, die Pflege nötig hätten, überlasse man sich selbst.

Ferner könne man sehen, daß die meisten Menschen von ihren übrigen Besitztümern, selbst wenn sie in großer Menge vorhanden seien, die Zahl genau angeben könnten, bei den Freunden wisse man nicht nur die Zahl nicht, so klein sie auch wäre, sondern wenn man aufgefordert

werde, sie anzugeben, führe man sogar manchen unter den Freunden auf, dessen Namen man hinterher wieder zurücknehmen müsse. Soviel bekümmere man sich um Freunde. »Und doch«, fuhr er fort, »welches Besitztum sonst könne auch nur von ferne den Vergleich mit einem rechtschaffenen Freund aushalten?« . . .
Ein rechtschaffener Freund tritt überall für den Freund ein, wo es ihm fehlt, sowohl bei häuslichen Erfordernissen wie in öffentlichen Angelegenheiten. Gilt es, jemand einen Dienst zu erweisen, er ist dabei; droht eine Gefahr, er hilft sie abwehren; er teilt die Kosten, teilt die Mühe, hilft zureden, hilft Gewalt gebrauchen, verschönert die glückliche Lage, verbessert die unglückliche . . . Dennoch gibt es eher Leute, die Bäume warten um ihrer Früchte willen, als daß sie das allereinträglichste Besitztum, den Freund, auch nur mit einiger Aufmerksamkeit und Sorgfalt pflegen!

XENOPHON

WHAT ABOUT POLITICS?

Es genügt nicht, die Mannestugend als eine Art Kunstfertigkeit in sich zu tragen; man muß sie auch durch praktisches Handeln bewähren. Höchste Bewährung ist aber die Leitung des Staates. Die politische Tätigkeit bringt freilich Mühen und Aufregungen mit sich . . . Aber in unserer Natur selbst liegt ein solcher Zwang zu mannhafter Betätigung, ist uns ein solcher Drang zur Mitarbeit am Gemeinwohl mitgegeben, daß er über alle Lockungen von Bequemlichkeit und Lust siegt.

Man wird sich daher vielleicht zu folgendem Zugeständnis verstehen müssen: wer sich bei ausgezeichneter geistiger Veranlagung ganz der Wissenschaft hingegeben hat, der mag sich von der Politik fernhalten, ebenso mag es dem erlaubt sein, der sich wegen schwacher Gesundheit oder sonst aus einem triftigen Grund nicht dazu berufen fühlt und deshalb die Möglichkeit, in der Staatsverwaltung zu Ehren zu gelangen, anderen überläßt ... Wer aber von Natur das zu öffentlicher Betätigung erforderliche Rüstzeug besitzt, der zögere nicht, sich um Ämter zu bewerben und in die Staatslaufbahn einzutreten. Hier kann er sich als großer Mann erweisen ...

Hohen Sinn braucht der Staatsmann nicht weniger als der Philosoph, ja vielleicht noch viel mehr, und ebenso die von mir mehrfach betonte Geringschätzigkeit menschlicher Dinge, die Ruhe und Gelassenheit, wenn anders er sich furchtlose, fest und standhaft durchsetzen soll.

CICERO

Eines Tages sah Sokrates Charmides, den Sohn des Glaukon. Dieser besaß sehr achtenswerte Eigenschaften und war den Staatsmännern seiner Zeit an Befähigung weit überlegen; dennoch konnte er sich nicht entschließen, in der Volksversammlung aufzutreten und sich politisch zu betätigen. Das veranlaßte Sokrates zu folgender Unterredung mit ihm:

»Was würdest du von einem Manne denken, der fähig wäre, in den öffentlichen Wettkämpfen zu siegen und dadurch sich selbst Ruhm und Ehre und seinem Vaterland neuen Glanz in Griechenland zu erwerben, aber zum Wettkampf nicht antreten wollte?«

»Es ist klar, daß ich ihn für weichlich und feige halten würde.«

»Wenn nun jemand die Fähigkeit hätte, sich der Staatsgeschäfte anzunehmen und dadurch das Wohl des Vaterlandes zu mehren wie auch sich selbst Ansehen zu verschaffen, sich aber nicht dazu entschließen könnte, müßte der nicht mit Recht ebenso als Feigling angesehen werden?«

»Es mag sein; doch warum stellst du diese Frage gerade an mich?«

»Weil ich glaube, daß du durchaus befähigt bist und trotzdem zögerst, dich um die Staatsgeschäfte zu kümmern, die dir schon als Bürger unmöglich gleichgültig sein dürfen.«

»Wann hast du denn schon Proben von meinen Fähigkeiten gesehen«, fragte Charmides, »daß du glaubst, mir solche Vorwürfe machen zu können?«

»Bei deinen Unterredungen mit den Staatsmännern; da habe ich stets deine Ratschläge gut gefunden, wenn sie dich über etwas befragten, und deinen Tadel richtig, wenn sie einen Fehler machten.«

»Es ist aber nicht dasselbe, Sokrates, ob man in kleinem Kreise etwas bespricht oder in der Volksversammlung öffentlich seine Ansichten vertreten muß.«

»Aber wer einmal rechnen kann, rechnet auch vor einer Menge Volk so gut wie daheim, und wer für sich am besten die Zither spielt, trägt auch vor der Volksmenge den Preis davon.«

»Ja, wenn Schüchternheit und Angst nicht wären! Siehst du denn nicht, daß die den Menschen angeboren sind und einem in öffentlichen Versammlungen weit mehr als in kleinen Kreisen zu schaffen machen?«

»Eben das möchte ich dir zum Bewußtsein bringen: Die Verständigsten vermögen dich nicht einzuschüchtern, die Mächtigsten dich nicht in Angst zu bringen, aber vor einem unwissenden und machtlosen Volkshaufen aufzutreten, scheust du dich. Vor wem brauchst du dich denn zu schämen? Vor den Walkern, Schustern, Zimmerleuten, Schmieden, Bauern, Kaufleuten oder Marktkrämern, deren Trachten dahin geht, billig einzukaufen und teuer zu verkaufen? Denn aus diesen allen ist die Volksversammlung zusammengesetzt. Wie, glaubst du, unterscheidet sich dein Verhalten von dem eines Mannes, der den Turnmeistern überlegen ist, aber vor den Stümpern Angst hat? Denn du unterredest dich mit Leichtigkeit mit den ersten Männern des Staates, von denen einige auf dich herabsehen; du bist denen, die dauernd in der Volksversammlung auftreten, weit überlegen, und vor Leuten, die sich noch nie um Politisches gekümmert haben und dich auch nicht geringgeschätzt haben, nimmst du Anstand, dich hören zu lassen, aus Furcht, du könntest verlacht werden.«

»Wie, du glaubst nicht, daß in der Volksversammlung oft gerade die ausgelacht werden, die ganz vernünftige Vorschläge machen?«

»Das geschieht auch sonst. Darum eben kann ich nicht begreifen, daß du mit jenen Politikern, wenn sie dich auslachen, leicht fertig wirst, aber mit der großen Masse auf keine Weise umgehen zu können meinst. Mein Bester, verkenne dich nicht und hüte dich vor dem Fehler, in den so viele Menschen verfallen! Die große Menge neigt dazu, in die Angelegenheiten anderer hineinzusehen und denkt nicht daran, sich selbst zu prüfen. Das verabsäume du nicht, sondern bemühe dich mit aller Kraft, über dich selbst zur Klarheit zu kommen, und laß deine Vaterstadt nicht im Stich, wenn du zu irgendeiner Verbesserung beitragen kannst. Denn wenn es dem Staat wohlergeht, so wird das nicht nur deinen Mitbürgern, sondern auch deinen Freunden und nicht am wenigsten dir selbst zugute kommen.«

XENOPHON

VII. AUF DER SUCHE NACH DEM GLÜCK

Glückseligkeit . . . ist der gute Fluß des Lebens.
ZENON

GLÜCKS – BAEDEKER

Glücklich zu leben wünscht jedermann; aber die Grundlagen des Glücks erkennt fast niemand. Freilich ist ein glückseliges Leben keine ganz einfache Sache. Wer einmal den Weg verfehlt hat, entfernt sich immer weiter davon; und geht er nach der entgegengesetzten Seite, so wird gerade Eile ihn immer mehr abführen. Man muß daher zuerst wissen, worauf das Streben zu richten ist; sodann ist der Weg aufzusuchen, der am raschesten ans Ziel führt. Einmal auf dem rechten Weg, wird man sehen, wie groß die Strecke ist, die man täglich zurückgelegt hat, und wie weit noch das Ziel, zu dem uns ein natürliches Verlangen zieht. Solange wir aber da und dort herumschweifen, von verworrenen Stimmen bald da-, bald dorthin gezogen, wird unser Leben nur ein steter Irrweg sein, auch wenn wir uns Tag und Nacht um eine richtige Ansicht bemühen. Daher entscheide man sich über das Ziel und den Weg und sehe sich nach einem kundigen Führer um, der Ziel und Weg bereits erforscht hat. Es ist hier nicht ebenso wie bei anderen Reisen: Hier hält uns ein Fußpfad, ein Hinweis anwohnender Leute auf dem rechten Weg; dort täuscht gerade der betretendste Weg am meisten. Folgen wir nicht, wie das Herdenvieh, der Schar der Vorangehenden! Wandern wir nicht, wo gegangen wird, anstatt auf dem Wege, den man gehen soll!

SENECA

... zuerst haben wir zu untersuchen, worin das glückliche Leben besteht und wie man dazu gelangt, ob alle die Menschen, denen man die Bezeichnung »glücklich« zuerkennt, dies von Natur werden, so wie man groß oder klein ist oder in der Farbe sich unterscheidet, oder durch Studium, so daß es also eine Art Wissenschaft vom Glück geben würde, oder durch Übung ... oder ob man auf keinem dieser Wege dazu gelangt, sondern für das Glück eine von den zwei anderen Möglichkeiten zutrifft: daß man es nämlich entweder durch göttliche Inspiration erlangt ... oder durch Zufall. Denn viele Menschen meinen, Glückseligkeit und Glückhaben sei dasselbe.

Wir wählen alles und jedes als Mittel zum Zweck, nur nicht das Glück, denn das ist Endziel.

ARISTOTELES

DAS GROSSE LOS

Die Menschen haben sich ein Bild vom Zufall gemacht, um ihre eigene Unklugheit zu beschönigen, denn sehr selten sind Klugheit und Glück einander fremd, das allermeiste im Leben bringt Einsicht und Scharfblick in Ordnung.

DEMOKRIT

Das Glück ist Glas, so glänzend wie zerbrechlich.

PUBLILIUS SYRUS

Sei maßvoll im Glück, im Unglück besonnen.

PERIANDER

Das Glück gibt vielen zu viel, aber niemandem genug.

MARTIAL

. . . es gilt, unseren Eifer voll dem zuzuwenden, was uns zur Glückseligkeit verhilft; denn haben wir sie, so haben wir alles, fehlt sie uns aber, so setzen wir alles daran, sie uns zu eigen zu machen.

EPIKUR

Wer sich nicht für glücklich hält, ist auch nicht glücklich.

PUBLILIUS SYRUS

Dem Tapferen hilft das Glück.

SIMONIDES

Das Glück ist verschwenderisch, aber unbeständig.

DEMOKRIT

Ein vollkommenes Glück gibt es nicht.

HORAZ

Glückselig ist ein Leben, welches mit seiner Natur in Einklang steht.

SENECA

Die Glückseligkeit und das glückliche Leben dürften sich aber dann einstellen, wenn drei Dinge vorhanden sind, die die wünschenswertesten zu sein scheinen: denn für das höchste Gut hält man teils die Vernunft, teils die Rechtschaffenheit, teils die Lust . . .

ARISTOTELES

Glückselig kann auch der genannt werden, der, von der Vernunft geleitet, nichts mehr wünscht und nichts mehr fürchtet.

SENECA

Jemand fragte ihn (Sokrates), worauf das Hauptbestreben eines Mannes gerichtet sein müsse. Sokrates antwortete: »Sein Glück zu machen.« Auf die weitere Frage, ob er glaube, daß man sich auch bestreben könne, Glück zu haben, entgegnete er: »Nein, Haben und Machen sind mir ganz verschiedene Begriffe; ›Glück haben‹ nenne ich, wenn einer ungesucht etwas findet, wie er es braucht; wenn dagegen einem durch Unterricht und Übung etwas gelingt, so meine ich, daß der sein ›Glück macht‹. Und wer sich darauf verlegt, der scheint mir recht zu handeln und glücklich zu leben.«

XENOPHON

UNGLÜCK

In Tagen höchsten Glückes soll man besonders auf den Rat seiner Freunde hören und ihnen sogar noch mehr Gewicht einräumen als zuvor.

CICERO

Unglücklich ist, wer sich nicht für den Glücklichen hält, und wenn er die ganze Welt beherrschte . . .

Jener, den du weniger glücklich nennst, ist überhaupt nicht glücklich: Das Wort »glücklich« erträgt keine Einschränkung.

SENECA

Das Unglück zeigt den großen Mann.

PLINIUS (DER JÜNGERE)

GLÜCK GEHABT, DAMOKLES

Dionysius war 38 Jahre lang Tyrann von Syrakus, nachdem er mit 25 Jahren die Herrschaft an sich gerissen hatte . . . Dieser Tyrann zeigte selbst, wie glückselig er sei. Denn als einer seiner Schmeichler, Damokles, in einer Rede seine Heeresmacht, seinen Besitz, die Herrlichkeit seiner Herrschaft, die Fülle an Gütern und die Großartigkeit des Königspalastes rühmte und erklärte, es habe niemals einen glückseligeren Menschen gegeben, da sagte er: »Willst du, Damokles, dieses Leben kosten, da es dich so sehr erfreut, und mein Schicksal erproben?« Und als jener sagte, es gelüste ihn danach, da ließ ihn Dionysius sich auf ein goldenes Ruhebett legen, bedeckt mit einem prächtig gewebten und kostbar bestickten Teppich. Dazu ließ er mehrere Tische mit getriebenem Gold- und Silbergeschirr aufstellen und zum Dienst bei Tisch Knaben von erlesener Schönheit aufwarten mit dem Befehl, auf jeden Wink hin ihn sorgfältig zu bedienen. Da gab es denn Parfums und Kränze, Räucherwerk wurde verbrannt, und Platten mit den erlesensten Gerichten wurden aufgetragen. Damokles kam sich hochbeglückt vor. Mitten unter diesem Aufwand aber ließ Dionysius von der Decke ein funkelndes Schwert herabsenken, aufgehängt an einem Roßhaar und so, daß es direkt über dem Scheitel jenes Glücklichen stand. Da schaute jener nicht mehr die schönen Sklaven an noch das kunstreich gearbeitete Silber und langte auch nicht mehr bei den Gerichten zu, die Kränze fielen ihm zu Boden, und schließlich bat er den Tyrannen, weggehen zu dürfen, weil er keine Lust mehr habe, glückselig zu sein. Scheint dir Dionysius klar genug gesagt zu haben, daß nichts für den glückselig sein könne, über dem dauernd irgendein Schrecken hinge?

CICERO

IM VISIER: DAS PLAISIR

Dies betreibe vor allen Dingen, mein Freund: lerne dich freuen.

Glaube mir, wahre Freude ist eine ernste Sache.

Zum Höchsten ist gelangt, wer da weiß, worüber er sich freut, wer sein Glück nicht fremder Macht unterwirft.

SENECA

Das Höchstmaß der Freude ist erreicht, wenn alle Schmerzen beseitigt sind. Denn wo die Freude eingezogen ist, gibt es, solange sie herrscht, weder Schmerzen noch Qualen oder gar beides.

EPIKUR

Halte nie einen für glücklich, der von äußeren Dingen abhängt. Auf Zerbrechliches stützt sich, wer seine Freude an Dingen hat, die von außen kommen; jede Freude, die von dort eingezogen ist, wird auch wieder hinausziehen.

Du umarmst das Vergnügen, ich beschränke es; du genießt das Vergnügen, ich mache Gebrauch davon; du hältst es für das höchste Gut, ich nicht einmal für ein Gut; du tust alles des Vergnügens wegen, ich nichts.

SENECA

Nicht eine endlose Reihe von Trinkgelagen und Festschmäusen, nicht das Genießen schöner Knaben und Frauen, auch nicht der Genuß von leckeren Fischen und was ein reichbesetzter Tisch sonst zu bieten vermag, schafft ein freudevolles Leben, vielmehr allein das klare

Denken, das allem Verlangen und allem Meiden auf den Grund geht und den Wahn vertreibt, der wie ein Wirbelsturm die Seelen erschüttert. An allem Anfang aber steht die Vernunft, unser größtes Gut. Aus ihr ergeben sich alle übrigen Tugenden von selbst, ja sie ist sogar wertvoller als das Philosophieren, weil sie uns lehrt, daß in Freude zu leben unmöglich ist, ohne daß man ein vernünftiges, sittlich hochstehendes und gerechtes Leben führt, daß es umgekehrt aber auch unmöglich ist, ein vernünftiges, sittlich hochstehendes und gerechtes Leben zu führen, ohne in Freude zu leben. Denn die Tugenden sind mit dem freudevollen Leben eng verwachsen, und dieses ist von jenen nicht zu trennen.

EPIKUR

Für die Mehrzahl der Menschen ist bekanntlich die Lokkung des Genusses der Grund, warum sie sich täuschen. Denn der Genuß ist kein echtes Gut, sondern erscheint nur als solches.

Manches ergötzt uns, solange es neu ist, später aber nicht mehr – aus demselben Grund.

ARISTOTELES

Ein Leben ohne Feste ist ein weiter Weg ohne Wirtshäuser.

DEMOKRIT

Es tut wohl, einmal über die Stränge zu schlagen.

HORAZ

Abwechslung ist immer süß.

EURIPIDES

Sokrates gefragt, was Seligkeit sei, antwortete: Genuß ohne Reue.

NACH STOBÄUS

LUSTVOLLES

Lust – das ist es, was in allem gesucht wird!

SENECA

Die Lust ist von frühester Kindheit an mit uns aufgewachsen, wie eine Farbe so tief ist die Empfänglichkeit dafür in das Gewebe unseres Lebens eingedrungen. Darum ist es so schwer, sie wieder herauszureiben.

ARISTOTELES

Die Lust, die schwer erkämpft ward, schmeckt am besten.

PUBLILIUS SYRUS

Wo Begierde, da ist auch Angst.

HORAZ

Ein und dasselbe Ding ist niemals ununterbrochen lustvoll . . .

ARISTOTELES

Die Lust neigt sich, an einem jähen Abhang stehend, dem Schmerze zu, wenn sie nicht Maß hält . . .

. . . sobald sie (die Lust) selbstherrlich wird, wird sie zur Ausschweifung.

SENECA

Ich habe vernommen, daß dich der Kitzel in deinem Fleische übermäßig zum Geschlechtsverkehr treibt. Folge ihm, wie du magst, aber sorge dafür, daß du dabei die Gesetze nicht übertrittst, nicht den Anstand verletzt, keinen dir nahestehenden Menschen kränkst, deine Gesundheit nicht zerrüttest und dein Vermögen nicht vergeudest. Es ist jedoch schwer, sich nicht wenigstens in eine der genannten Schwierigkeiten zu verstricken.

EPIKUR

PARLEZ-MOI D'AMOUR

Frei steht der Liebe Anfang, nicht ihr Ende.

PUBLILIUS SYRUS

Willst du geliebt werden, liebe.

HEKATON

. . . der Liebende verliert den klaren Blick für den Gegenstand seiner Liebe.

PLATON

In der Liebe muß man Beteuerungen nicht so ernst nehmen.

Befiehl dem Herzen, sonst befiehlt es dir.

PUBLILIUS SYRUS

Liebe ist ihrem Wesen nach eine Übersteigerung der Freundschaft.

ARISTOTELES

EWIG WEIBLICHES

Das Weib ist ein ewiges und notwendiges Übel.

PHILEMON

Den Weibern steht der Schmuck, den Männern Arbeit gut.

MARIUS

Des Weibes Natur lenken heißt: jede Hoffnung auf gemächliches Leben aufgeben.

PUBLILIUS SYRUS

Das Freundschaftsverhältnis zwischen Mann und Frau ist dasselbe wie in der Aristokratie: seine Grundlage ist der persönliche Wert.

ARISTOTELES

Das Herz schließt feste Ehen, nicht der Körper.

PUBLILIUS SYRUS

Als Themistokles unter den zwei Bewerbern um seine Tochter den wohlgesitteten dem reichen vorzog, sagte er: Ihm wäre ein Mann ohne Geld lieber, als Geld ohne Mann.

NACH STOBÄUS

Die Gesetze der Spartaner hatten Strafe verordnet: erstens denen, die kein Weib nahmen, dann jenen, die spät heirateten, drittens und am schwersten aber für die, die sich schlecht verheirateten.

ARISTON

Nicht kann ich mit dir, nicht ohne dich leben.

MARTIAL

Als ein Römer seinem Freunde Vorwürfe darüber machte, daß er sein schönes, reiches und ehrbares Weib von sich gestoßen hätte, zeigte der einen neuen Schuh vor und sagte: Ist doch auch dieser neu und hübsch, aber keiner weiß, wo er mich drückt.

NACH PLUTARCH

Manche sind Herren über Städte und Knechte von Weibern.

DEMOKRIT

ANDERE LEIBLICHE GENÜSSE

... nicht einmal der Geist kann richtig arbeiten, wenn wir von Speise und Trunk vollgestopft sind.

CICERO

Mag deine Tenne hunderttausend Scheffel gedroschen haben, darum wird dein Magen nicht mehr fassen als der meine.

HORAZ

Gute Götter, ... wieviel Menschen hält ein einziger Bauch in Bewegung?

Man kann ein Fest auch ohne Schwelgerei feiern.

SENECA

Bedenke dabei die Abhärtung, ... die sich aus solcher Zurückhaltung in der Lebensweise ergibt, und die tadellose Gesundheit! Vergleiche damit jene, die schwitzen, aufstoßen und von Speise gemästet sind wie die Opferstiere! Dann wirst du erkennen, daß die, die am meisten nach Genuß jagen, ihn am wenigsten erlangen und daß die Annehmlichkeiten des Lebens sich im Verlangen äußern und nicht in der Sättigung.

CICERO

Wenn du deinen Körper an Einfachheit gewöhnt hast, so prahle nicht damit. Wenn du nur Wasser trinkst, so sage nicht bei jeder Gelegenheit: Ich trinke nur Wasser. Übst du dich im Ertragen von Strapazen, so tu es für dich und nicht für die Zuschauer . . .

EPIKTET

. . . (der Weise) aber entscheidet sich bei der Wahl der Speise nicht für die größere Masse, sondern für den Wohlgeschmack . . .

EPIKUR

Er (Sokrates) bemerkte auch, daß das Wort »essen« in der Sprache der Athener »wohlleben« heiße; das Wörtchen »wohl« stehe in dem Sinne dabei, daß man das esse, was weder die Seele noch den Leib beschwere und was auch nicht schwer aufzutreiben sei. Daher sagte er von denen, die mäßig lebten, daß sie wohl lebten.

XENOPHON

VIII. ANGINA TEMPORIS?

Wir haben nicht zuwenig Zeit,
aber wir verschwenden zuviel davon.

SENECA

ZEIT UND ZEITEN

... man muß mit der Eile der Zeit durch Schnelligkeit der Benutzung wetteifern und, wie aus einem reißenden Waldbache, der nicht immer strömen wird, rasch schöpfen.

SENECA

Zeit zernagt die Dinge.

OVID

Wir loben die gute alte Zeit, leben aber gerne in der Gegenwart.

HORAZ

Nichts gibts, was Zeit nicht lindert oder bändigt.

PUBLILIUS SYRUS

Am angenehmsten sind die Früchte, wenn sie zu Ende gehen; das Knabenalter hat an seinem Ende den größten Reiz; den Weintrinker ergötzt der letzte Trunk am meisten ... Das Lieblichste, was die Lust des Menschen in sich schließt, verspart sie auf das Ende. Das angenehmste Lebensalter ist das, welches sich schon abwärts neigt, aber doch nicht jählings stürzt: und selbst jenes auf der letzten Stufe stehendes hat meinem Urteile nach seine Genüsse oder es tritt an die Stelle der Genüsse eben das Gefühl, keiner mehr zu bedürfen. Wie süß ist es, seine Begierden müde gemacht und hinter sich gelassen zu haben! »Es ist lästig«, sagst du, »den Tod vor Augen zu sehen.« Ja, der Jüngling muß ihn so gut vor Augen haben wie der Greis; denn wir werden nicht nach Altersklassen abberufen. Sodann ist niemand so sehr Greis, daß es frech von ihm wäre, noch auf einen Tag zu hoffen. Ein Tag aber ist eine Stufe des Lebens; die ganze Lebenszeit besteht aus Teilen und enthält Kreise, von welchen die größeren die kleineren umschließen. Einer ist es, der alle umfaßt und einschließt: er zieht sich vom Geburts- bis zum Sterbetage. Ein zweiter schließt die Jahre des Jünglingsalters ein; wieder ein anderer faßt die ganze Kindheit in seinem Umfang zusammen; hierauf das einzelne Jahr, das alle Zeiten in sich faßt, aus deren Vervielfältigung sich das Leben zusammensetzt. Der Monat wird von einem engeren Kreise umgürtet und den engsten Umkreis hat der Tag; doch auch dieser gelangt vom Anfange bis zum Ende, vom Aufgang bis zum Untergang. Daher hat man jeden Tag so einzurichten, als ob er die Reihe schlösse und die Summe der Lebenstage voll mache. Fügt Gott noch den morgigen Tag hinzu, so laß uns ihn froh annehmen. Der ist der glücklichste und sorgenfreieste Besitzer seiner selbst, der das Morgen ohne Unruhe erwartet. Jeder, der sagen kann: »Ich habe gelebt«, steht täglich zu seinem Gewinn auf.

SENECA

RENT-A-LIFE

Alles, was das Glück dir gegeben hat, besitze wie etwas, das keinen berechtigten Eigentümer hat.

Was auch, Marcia, uns von außen zufällt, Kinder, Ehrenstellen, Reichtümer, geräumige Paläste und von Klienten wimmelnde Vorhöfe, eine berühmte, vornehme oder schöne Gattin und was sonst vom unsichern und veränderlichen Glück abhängt, alles das ist fremder und uns nur geliehener Prunk. Nichts davon wird uns als Geschenk gegeben; nur wie mit zusammengeliehenen und zu seinem Eigentümer wieder zurückkehrendem Gerät wird die Bühne des Lebens geschmückt. Das eine davon wird am ersten, das andere am zweiten Tage wieder fortgetragen werden, nur wenig bleibt uns bis zum Ende. Daher haben wir keine Ursache, uns zu brüsten, als säßen wir in unserem Eigentum; wir haben es bloß geliehen bekommen. Die Nutznießung ist unser, auf wie lange Zeit, bestimmt der, welcher Herr über sein Geschenk ist; wir müssen bereit halten, was uns auf einen unbestimmten Termin gegeben ward, und es, aufgefordert, ohne Klage zurückgeben.

. . . was des Menschen wahres Eigentum ist. Was das sei? fragst du. Sein Geist und die im Geiste vollkommen ausgebildete Vernunft.

SENECA

Sage nie von einem Ding: ich habe es verloren, sondern: ich habe es zurückgegeben. Ein Kind ist dir gestorben: du hast es zurückgegeben. Deine Frau ist gestorben: du hast sie zurückgegeben. »Aber, der mir's nahm, ist ein schlechter Mensch!« Was geht es dich an, durch wen es der Geber zurückfordert? Solange er dir's überläßt, betrachte es als ein fremdes Gut, wie ein Fremdling die Herberge betrachtet.

EPIKTET

SAVOIR VIVRE

Wie lange ich lebe, liegt nicht in meiner Macht; daß ich aber, solange ich lebe, wirklich lebe, das hängt von mir ab.

SENECA

Man muß leben, wie man kann, nicht wie, man will.

PLATON

Es ist Weichlichkeit, sich den Härten des Lebens zu entziehen.

ARISTOTELES

Wir leben, wie wir können, nicht, wie's uns gefällt.

MENANDER

. . . Leute, die nicht die Kunst verstehen zu leben, sind wie Kranke, die weder Hitze noch Kälte vertragen können.

NACH PLUTARCH

Lebensglück setzt Lebenskunst voraus!

HORAZ

Ihr lebt, als würdet ihr immer leben; niemals kommt euch in den Sinn, wie karg ihr bedacht seid; ihr verschwendet sie (die Zeit), als hättet ihr sie in Hülle und Fülle, während vielleicht gerade der Tag, den ihr einem Menschen oder einer Sache opfert, euer letzter ist.

Erscheint dir nicht als der größte aller Narren, wer darüber weint, daß er nicht schon vor tausend Jahren gelebt hat? Gleich töricht ist, wer darüber weint, daß er in tausend Jahren nicht mehr leben wird.

Viel aber schadet auch, wer uns aufhält, zumal bei dieser Kürze des Lebens, das wir durch unsere Unbeständigkeit noch mehr verkürzen, indem wir immer bald dieses, bald jenes zu seinem Anfang machen. Wir zerreißen es in kleine Teilchen und zerstückeln es.

Den einen aber hält unersättliche Habsucht gefangen, einen anderen geschäftige Emsigkeit in überflüssigen Arbeiten; der eine ersäuft im Weine, der andere erstarrt in Untätigkeit, der eine müht sich ab, ehrsüchtig und stets auf fremdes Urteil gespannt, den andern treibt in Hoffnung auf Gewinn fortreißende Handelsbegierde in allen Ländern, auf allen Meeren umher.

Laß uns dahin trachten, daß die ganze Zeit unser sei; sie wird es aber nicht sein, wenn wir nicht zuvor unser eigen zu sein begonnen haben.

Der grauen Haare und Runzeln wegen darfst du nicht glauben, daß einer lange gelebt habe; nicht lange gelebt hat er, sondern nur lange existiert. Denn, glaubst du wohl, es sei einer weit geschifft, wenn ihn, kaum aus dem Hafen heraus, ein schrecklicher Sturm empfangen und dahin und dorthin getragen und durch wechselnde Winde, die von entgegengesetzten Richtungen hertoben, immer auf demselben Raume im Kreise herumgetrieben hat? Er ist nicht weit geschifft, sondern viel herumgeworfen worden.

. . . betrachte öfters, was für eine schöne Sache es ist, sein Leben noch vor dem Tode zu vollenden und dann den Rest seiner Zeit ruhig zu erwarten und im Besitz eines glücklichen Lebens – das, wenn auch länger, doch nicht glücklicher wird – nichts Widerwärtiges fürchten zu müssen. O wann wirst du jene Zeit schauen, wo du einsehen wirst, daß die Zeit dich nichts angeht; wo du in vollkommener Selbstgenügsamkeit ruhig, heiter und unbekümmert um den morgigen Tag sein wirst.

Wie bei einem Theaterstück kommt es beim Leben nicht darauf an, wie lange es dauert, sondern wie gut gespielt wird.

. . . Wir haben das Leben nicht knapp empfangen, sondern verschwenderisch. So wie große und königliche Reichtümer, wenn sie an einen schlechten Herrn gekommen sind, im Augenblicke verschleudert werden, solche aber, die einem guten Haushalter übergeben sind, durch den Gebrauch sich vergrößern: So hat unser Leben für einen, der es haushälterisch verwendet, einen weiten Spielraum.

Nicht lange, sondern genug zu leben, sei unsere Sorge.

Lang ist ein Leben, wenn es erfüllt ist.

SENECA

HIER IRRTE AUGUSTUS

Der göttliche Augustus, dem die Götter mehr als irgendeinem gewährten, hörte nie auf, sich Ruhe zu erflehen und um Befreiung von der Staatsverwaltung zu bitten.

Seine Rede kam stets darauf zurück, daß er auf Muße hoffe. Mit diesem, wenn auch irrigen, doch süßen Troste, daß er einst sich selbst leben werde, erleichterte er sich seine Mühen.

SENECA

WAS DU HEUTE KANNST BESORGEN ...

Man kann die meisten sagen hören: »Vom fünfzigsten Jahre an will ich mich in den Ruhestand zurückziehen« oder: »Das sechzigste Jahr soll mich von allen Geschäften losmachen.« Und wen bekommst du denn zum Bürgen für ein längeres Leben? Wer soll machen, daß es gerade so geht, wie du es anordnest? Schämst du dich nicht, bloß den Rest des Lebens für dich aufzusparen und für den edlen Geist nur die Zeit zu bestimmen, die zu nichts mehr verwendet werden kann? Wieviel zu spät ist es doch, dann erst zu leben anzufangen, wenn man aufhören soll!

Das Hinausschieben ist der größte Verlust fürs Leben; es verzettelt immer den nächsten Tag, es entreißt die Gegenwart, indem es auf die Zukunft verweist. Das größte Hindernis des Lebens ist die Erwartung, die vom Morgen abhängt ... Während man es aufschiebt, geht das Leben vorüber.

SENECA

NUR EINES IST GEWISS: DER TOD

Alles entgleitet uns, trügt und ist veränderlicher als Winde und Wolken. Alles wird herumgeschleudert und geht nach der Laune des Schicksales in sein Gegenteil über; in diesem gewaltigen Wirbel der menschlichen Dinge ist nur eines gewiß: der Tod. Und doch klagen alle über dieses Einzige, worin doch keiner je betrogen wird.

Wer beim Menschen nicht an die Sterblichkeit denkt, täuscht sich selbst. Beweint einer ein Geschehen, das zugegebenermaßen auf jeden Fall eintreten wird? Wer darüber klagt, daß jemand gestorben ist, klagt darüber, daß er ein Mensch gewesen ist. Alle hält dieselbe Bedingtheit gefesselt: Wem zuteil wurde, geboren zu werden, auf den wartet der Tod. Abstände trennen uns, der Ausgang ist immer der gleiche. Was zwischen dem ersten und dem letzten Lebenstage liegt, ist vielgestaltig und ungewiß. Denkst du an seine Beschwerden, ist das Leben selbst für einen Knaben lang, denkst du an seine Schnelligkeit, ist es selbst für einen Greis kurz.

SENECA

... Wer verkündet, der junge Mensch müsse ein schönes Leben haben, der alte Mensch aber brauche einen schönen Tod, der ist albern, und zwar nicht nur, weil das Leben stets erwünscht ist, sondern auch darum, weil die Übung eines schönen Lebens gleichbedeutend ist mit der Vorübung für ein schönes Sterben.

EPIKUR

Verachte nicht den Tod, sondern befreunde dich mit ihm, da auch er eines von den Dingen ist, die die Natur will. Was nämlich Jungsein ist, Altern, Wachsen und Reifen, Zähne-, Bart- und Graue-Haare-Bekommen, was Zeugen und Schwangerwerden und Gebären und die übrigen natürlichen Tätigkeiten, die deines Lebens Jahreszeiten bringen, dies ist auch das Sichauflösen. Das nun entspricht einem verständigen Menschen, daß er sich nicht gleichgültig, nicht vordrängend, nicht abschätzig gegenüber dem Sterben zeigt, sondern daß er es als eine der natürlichen Tätigkeiten erwartet. Und wie du jetzt darauf wartest, wann das Kind aus dem Leib der Frau herauskommt, so harre auf die Stunde, in der deine Seele aus dieser Hülle herausfallen wird.

MARC AUREL

Die meisten schwanken zwischen Todesfurcht und den Qualen des Daseins elend hin und her; sie wollen nicht leben und wissen nicht zu sterben.

SENECA

Weil die Menschen unfähig sind, den Anfang an das Ende anzuknüpfen, geht es mit ihnen zu Ende.

ALKMEON

Der Tod ist die Befreiung und das Ende von allen Übeln, über ihn gehen unsere Leiden nicht hinaus; er versetzt uns in jene Ruhe zurück, in der wir lagen, ehe wir geboren wurden.

SENECA

BIBLIOGRAPHIE

Aristoteles: Nikomachische Ethik, Reclam, Stuttgart 1969, 380 S.

Cicero: Über den Staat, Reclam, Stuttgart 1963, 189 S. Gespräche in Tusculum, Reclam, Stuttgart 1973, 393 S.

Demokrit: aus Philosophisches Lesebuch, Fischer 1965, 348 S.

Epikur: Philosophie der Freude, Kröners Taschenbuchausgabe, Stuttgart 1966, 126 S.

Heraklit: Fragmente, Heimeran Verlag, München 1965, 54 S.

Horaz: Sämtliche Werke, Ernst Heimeran Verlag, München 1957, 336 S.

Juvenal: Satiren, Reclam, Stuttgart 1969, 251 S.

Marc Aurel: Wege zu sich selbst, Rowohlts Klassiker, Hamburg 1965, 149 S.

Martial: Epigramme, Reclam, Stuttgart 1966, 166 S.

Persius: Satiren, Heimeran Verlag, München 1950, 157 S.

Platon: aus Sämtliche Werke. Bd. I, Rowohlts Klassiker, Hamburg 1957, 338 S., Der Staat, Goldmanns Gelbe Taschenbücher, München, 373 S.

Plutarch: Vermischte Schriften, verlegt bei Georg Müller, München und Leipzig 1911, Bd. I, 374 S., Bd. II, 358 S., Bd. III, 492 S.

Publilius Syrus: Sprüche, Ernst Heimeran Verlag, München 1969, 87 S.

Seneca: Vom glückseligen Leben, Kröners Taschenbuchausgabe, Stuttgart 1967, 267 S.

Xenophon: Memorabilien, Goldmann-Taschenbuchausgabe, München 1960, 175 S.

Klaus Bartels, Dialog mit der Antike, Heimeran Verlag, München 1975, 108 S.

Wilhelm Binder, Novus Thesaurus Adagiorum Latinorum, Niederwallhuf b. Wiesbaden 1971, 403 S.

Büchmann, Geflügelte Worte, Droemersche Verlagsanstalt, München-Zürich 1959, 320 S.

Hermann Diels, Fragmente der Vorsokratiker, Weidmannsche Verlagsbuchhandlung, Berlin 1961, 3 Bde.: Bd. I, 503 S., Bd. II, 428 S., Bd. III, 660 S.

Ernst Heimeran und *Michel Hofmann* : Antike Weisheit, Ernst Heimeran Verlag, München 1959, 159 S.

Dr. Hermann Hempel, Lateinischer Sentenzen- und Sprichwörter-Schatz, Verlag M. Heinsius, Bremen 1884, 237 S.

Walter Kranz, Vorsokratischer Denker, Weidmannsche Verlagsbuchhandlung, Berlin und Frankfurt am Main 1949, 235 S.

Bruno Snell, Leben und Meinungen der sieben Weisen, Ernst Heimeran Verlag, München 1938, 180 S.

J.-M. Zemb, Aristoteles in Selbstzeugnissen und Bilddokumenten, Rowohlt Taschenbuch Verlag GmbH, Reinbek bei Hamburg 1961, 175 S.

REGISTER DER AUTOREN

Äsop, um 550 v. Chr., Fabeldichter aus Thrakien

Alexander (d. Große), 356–323 v. Chr., der Welteroberer aus Mazedonien

Alkaios, um 600 v.Chr., Dichter aus Lesbos

Alkmeon, um 500 v. Chr., Arzt und Philosoph

Apelles, 4. Jahrhundert v. Chr., der berühmteste griechische Maler, Hofmaler Alexanders d. Großen

Apollodor, um 180–110 v. Chr., Schüler des stoischen Philosophen Chrysipp

Ariston, 3. Jahrhundert v. Chr., Schüler des Peripatos, der von Aristoteles gegründeten Schule

Aristophanes, um 445–385 v. Chr., Hauptvertreter der älteren attischen Komödie

Aristoteles, 384–322 v. Chr., der Globetrotter im Geist

Bias, um 570 v. Chr., einer der »Sieben Weisen Griechenlands«

Caesar, 100–44 v. Chr., röm. Feldherr und Politiker, u. a. Verfasser des »Gallischen Krieges«

Cato (d. Ältere), 234–149 v. Chr., röm. Staatsmann und Schriftsteller

Chilon, um 550 v. Chr., einer der »Sieben Weisen Griechenlands«

Cicero, 106–43 v. Chr., vom Staranwalt zum Mann der Politik

Chrysipp, um 280 v. Chr., bedeutender Organisator der stoischen Schule

Demokrit, um 450–360 v. Chr., Allroundgenie und Sonnyboy

Diestoa, ab 300 v.–200 n. Chr., Eliteschule antiker Führungskräfte

Diogenes Laertios, 3. Jahrhundert n. Chr., Doxograph
Diogenes aus Apollonia, um 450 v. Chr., griech. Naturphilosoph
Dionysius Cato, Verfasser einer moralischen Sentenzensammlung, die um 200 n. Chr. im Umlauf war. Die Autorschaft ist aber unsicher.

Ennius, 239–169 v. Chr., bedeutendster Vermittler griechischen Geisteslebens für die römische Literatur
Epicharmos, etwa 550–460 v. Chr., Mitbegründer und bekanntester Vertreter der dorisch-sizilischen Komödie
Epiktet, 60–140 n. Chr., neben Seneca und Marc Aurel Nekreto der »jüngeren Stoa«
Epikur, 341–270 v. Chr., der erste Anti-Epikureer
Euripides, um 480–406 v. Chr., einer der klassischen Tragiker Griechenlands

Gorgias, 483–375 v. Chr., bekannter Rhetoriker in Athen

Hekaton, um 100 v. Chr., aus Rhodos, Stoiker, Schüler des Panaitios
Heraklit, 6. Jahrhundert v. Chr., bekannt als der »Weinende Philosoph«
Herodot, etwa 484–425 v. Chr., der »Vater der Geschichte« (Cicero)
Hesiod, um 700 v. Chr., der erste griechische und damit uns bekannte abendländische Dichter
Hippokrates, 460 – 377 v. Chr., der Begründer der Medizin als Wissenschaft
Horaz, 65–8 v. Chr., der »Voltaire der Antike«; Verfasser von scharfsinnigen Satiren, Episteln und klassi-

schen Oden sowie der »Dichtkunst«, die richtungsweisend für die Poesie nach ihm wurde

Juvenal, 60–140 n. Chr., der letzte große Satiriker der römischen Literatur

Krantor, 315/14 v. Chr., Philosoph der von Platon gegründeten Akademie

Livius, 59 v. Chr. – 17 n. Chr., einer der bekanntesten Historiker Roms

Marc Aurel, 121–180 n. Chr., der Top-Manager auf dem Kaiserthron

Marius, 156–86 v. Chr., bedeutender römischer Feldherr

Martial, 40–102 n. Chr., Epigrammatiker, »eine wandelnde Skandalchronik«

Menander, etwa 343–293 v. Chr., Hauptvertreter der neueren attischen Komödie

Ovid, 43 v. Chr. – ca. 18 n. Chr., bekannt vor allem durch seine erotischen Dichtungen

Periander, um 627–585 v. Chr., bedeutender Herrscher in Korinth

Persius, 34–62 n. Chr., Satiriker nach dem Vorbild von Lucilius und Horaz

Petron, um 50 n. Chr., römischer Schrifsteller, besonders Satiren

Phädrus, um 40 n. Chr., Fabeldichter

Philemon, 361 – um 263 v. Chr., griechischer Dichter der neuen Komödie

Philippides, wegen der Häufigkeit des Namens hier keine genauere Identifizierung möglich

Phokion, im 4. Jahrhundert v. Chr., athenischer Feldherr und Politiker

Pittakos, um 620 v. Chr., der glänzendste Vertreter der »Sieben Weisen«

Planton, 427–347 v. Chr., ein unverbesserlicher Idealist

Plautus, 254–184 v. Chr., der bedeutendste römische Komödiendichter

Plinius (der Jüngere), 62 – ca. 113 n. Chr., geschätzter Anwalt und angesehener Staatsmann

Plutarch 46–120 n. Chr., bedeutender Schriftsteller. Einfluß auf Friedrich den Großen, die Französische Revolution

Properz, 46–15 v. Chr., neben Tibull der wichtigste Vertreter römischer Elegiendichtung

Prothagoras, 5. Jahrhundert v. Chr., neben Gorgias bekanntester Sophist dieser Zeit

Publilius Syrus, 1. Jahrhundert v. Chr., hervorragender römischer Mimendichter. Seine Sprüche (etwa 700) gingen schon zu Lebzeiten als geflügelte Worte um

Sallust, 86–35 v. Chr., der erste kunstmäßige Geschichtsschreiber der Römer

Seneca, 4 v. Chr. – 65 n. Chr., Multimillionär und Philosoph

Seren, Identifizierung nicht möglich

Sextus Empiricus, um 180 n. Chr., Philosoph, Vertreter der pyrrhonischen Schule der Skeptiker

Simonides, 556–468 v. Chr., berühmter lyrischer Dichter zur Zeit der Perserkriege

Sokrates, 469–399 v. Chr., ein unbequemer Zeitgenosse

Solon, um 640–561 v. Chr., Gesetzgeber und Dichter, einer der »Sieben Weisen«

Sophokles, 497–406 v. Chr., Klassischer Tragiker Griechenlands

Stobäus, um 400 n. Chr., Verfasser einer »Blütenlese« antiker Autoren

Sueton, um 70 – 140 n. Chr., Schriftsteller und zeitweise Geheimsekretär Hachiaus

Terenz, 190–159 v. Chr., nach Plautus der größte römische Lustspieldichter. Einfluß auf Lessing

Thales, um 580 v. Chr., Mathematiker, Staatsmann, Philosoph einer der »Sieben Weisen«

Ulpian, um 170–228 n. Chr., römischer Jurist

Vergil, 70–19 v. Chr., berühmtester Dichter der augusteischen Zeit

Xenophon, 430–354 v. Chr., Geschichtsschreiber (»Anabasis«) und Jünger des Sokrates, Verfasser der »Memorabilien«, der »Erinnerungen« an Sokrates

Zenon, 332–262 n. Chr., Begründer des Stoizismus

Terry Farnsworth
Oben sind noch Sessel frei
Strategie und Taktik der Erfolgreichen
272 Seiten, 20 Illustrationen, gebunden

»Was an den Wirtschafts-Hochschulen gelehrt wird, ist nur die Spitze des Eisbergs unternehmerischen Denkens und Handelns. Die Kenntnis, die es ermöglicht, zu überleben, voranzukommen, Erfolg zu haben und andere daran zu hindern, wird nirgendwo gelehrt. Hier setzt das Buch ein. Es analysiert den Unternehmer- und Angestellten-Alltag. Es will keinen Erfolg garantieren, aber es kann dazu beitragen, Mißerfolge zu vermeiden. Terry Farnsworth liefert bemerkenswerte Tips für die Gestaltung einer Karriere. Lächelnd verrät er die notwendigen Schliche und weiht den Leser in das Geheimnis ein, wie man einmal gewonnene Positionen im Unternehmen erfolgreich verteidigen kann. Das Instrumentarium der ›Aufsteiger‹ und ›Obenbleiber‹ ist reich: Farnsworth zeigt u. a., wie man Untergebene, Gleichgestellte und Übergeordnete behandeln muß, um den Weg nach oben zu ebnen. Er verrät die geheimen Techniken und deckt die sieben Todsünden auf, gibt Überlebensanweisungen für Panik-Situationen und Verhaltensregeln für den Umgang mit Bossen und vieles mehr.«
Handelsblatt